村中洋介

災害と法

ど～する防災【水害編】

信山社ブックレット

表紙写真は鬼怒川の氾濫（2015 年）
出典：関東地方整備局ホームページ
http://www.ktr.mlit.go.jp/bousai/bousai00000176.html

はしがき

最近，大きな被害を生じさせる災害が多く発生しています。

東日本大震災や熊本地震，御嶽山の噴火のほか，台風や前線の影響による豪雨災害では毎年のように被害がもたらされています。

こうした災害によって家屋等の被害だけではなく，人命への被害も発生しています。人命や住居を守るために安全な場所への移住を考えたとしても，山地が多く，国土面積も人口に対して決して広くないわが国において，住処を簡単に替えることはできないのではないでしょうか。

そのような中で，私たちは，自然災害に対して日ごろからどのような対策をするべきなのでしょう。

この本では，特に「水害」に焦点を当てて，みなさんと一緒に，法律学の観点から防災のあり方を考えてみたいと思います。

災害に備えて，どのような法規制，法による対応が可能であるのか，もしも災害に見舞われてしまった場合には，法的な救済を受けることできるのか，そうした疑問に少しでも答えたいと思います。

また，今後「地震・津波」，「土砂災害」，「火山災害」，「風害」についてもまとめたいと思いますので，機会があれば手に取ってみてください。

2019年11月

村中 洋介

目　次

2017 年　九州北部豪雨

http://www.bousai.go.jp/kaigirep/hakusho/h30/photo/ph003.html

2018 年台風 21 号　関西国際空港

http://www.bousai.go.jp/kaigirep/hakusho/h31/photo/ph012.html

2015年　常総市　鬼怒川水害

http://www.bousai.go.jp/kohou/kouhoubousai/h28/83/special_02.html

※写真は，内閣府 HP より

災害と法

ど〜する防災【水害編】

I　防災ってなに？

1　防災のはじまり

みなさんは，「防災」と聞いて，何を思い浮かべるでしょうか。防災は，一般には，災害を防ぐことを意味するとされます(1)。最近では，防災訓練，防災計画，防災グッズなど，防災ということばが，様々な場面で一般にも用いられています。

また，法律では「防災」を，「災害を未然に防止し，災害が発生した場合における被害の拡大を防ぎ，及び災害の復旧を図ることをいう。」と定義しています（災害対策基本法２条２号）。

「防災の日」ということばを聞いたことがある人も多いでしょう。

「政府，地方公共団体など関係諸機関はもとより，広く国民の一人一人が台風，高潮，津波，地震などの災害について，認識を深め，これに対処する心がまえを準備しよう」というねらいによって，防災の日が1960年に設けられました。こうして，毎年９月１日が防災の日とされ，1982年からは，防災の日を含む１週間を「防災週間」と位置づけています(2)。

９月１日は，1923年９月１日に発生し，大きな被害に見舞われた関東大震災に由来しています。そして，防災の日が定められた1960年の前年には，伊勢湾台風によって大きな被害がも

(1)　新村出編『広辞苑〔第７版〕』（岩波書店，2018年）2668頁。
(2)　内閣府ウェブサイト（http://www.bousai.go.jp/kyoiku/week/bousaiweek.html，2019年10月13日最終閲覧）。

たらされました。

そのような災害を契機として，災害に備える・災害を防ぐという「意識」のために，防災の日が定められたといえるでしょう。

1961年には，防災・災害対策についての基本的事項を定める，「災害対策基本法」が制定されました。

わが国で，「防災」が意識され，「防災」についての取組みが本格化したのは，この時期といえるかもしれませんね。

しかし，歴史上，治水事業などについては，古くから行われてきた歴史があります[(3)]。先人たちに「防災」の意識がなかったわけでは決してありません。先人たちの教えを後世に伝える事も重要な「防災」の一つといえるでしょう。

次のページの写真のように，三陸地域の津波災害について，先人たちが石碑によって後世の人々へ津波被害について伝えていたことなどは，記憶に新しいところです。

---

(3) https://www.water.go.jp/chubu/nagara/21_yakuwari/rekishi.html，2019年10月13日最終閲覧など参照。

大津波記念碑（岩手県宮古市重茂姉吉地区）

（平成27年度版防災白書より http://www.bousai.go.jp/kaigirep/hakusho/h27/photo/ph062.html, 2019年10月13日最終閲覧）

2　災害ってなに？

防災は，一般に災害を防ぐことを意味するものですが，ここで，「災害」とは何のことでしょうか。

「災害」は，英語で一般に disaster といいますが，これは，「悪い星」，「占星術において，（幸運の）星が離れる」という語源があるとされます。ここでは，「星」ということばを用いて，自然災害という人類の力では対応できないような事象を念頭に置いているとされますが，同じような意味の英語としては，catastrophe（大災害：ギリシア語の転覆を語源とする。）もあります。

わが国の法律では，「災害」は，「暴風，竜巻，豪雨，豪雪，洪水，崖崩れ，土石流，高潮，地震，津波，噴火，地滑りその他の異常な自然現象又は大規模な火事若しくは爆発その他その及ぼす被害の程度においてこれらに類する政令で定める原因により生ずる被害をいう。」と定められています（災害対策基本法2条1号）。

このうち，「竜巻」は，2012年の法改正により追加され，「崖崩れ」，「土石流」，「地滑り」は，2013年の法改正により追加されました。このように，近時の災害の経験から，新たに災害に含まれるものも含まれているわけです。

また，「その他その及ぼす被害の程度においてこれらに類する政令で定める原因により生ずる被害」には，「放射性物質の大量の放出，多数の者の遭難を伴う船舶の沈没その他の大規模な事故」が含まれています（災害対策基本法施行令1条）。

ちなみに，大ヒットした「君の名は。」という映画では，「隕石」の衝突によって，災害対策基本法に基づく立ち入り禁止の看板が出てくる場面がありますが，隕石（の衝突等）については，今のところ，わが国において災害の原因となる自然現象等には含まれていません。

これは，同じく大ヒットした「シン・ゴジラ」という映画で，「ゴジラ」襲来について災害緊急事態の布告がなされましたが，ゴジラが災害の原因となる自然現象等に含まれていないことと同様です。

ただし，隕石やゴジラについては，その影響が現実のものとなった段階，もしくは現実にそれによる被害が発生した後に，法改正または政令改正によって災害と位置づけられる時代が来るかもしれませんね。

法律上は，そのように位置づけられている災害ですが，災害には，「自然災害（natural disaster）」と「人為災害（human-made disaster）」があるとして，次のような分類をしているものもあります[4]。

國井による分類（『災害時の公衆衛生』4頁　災害の種類）

自然災害（天災）	
1 水気象学系	サイクロン，洪水，干ばつ，高潮など
2 地質学系	地震，津波，火山噴火など
3 生物学系	疫病，新型インフルエンザなど
人為災害（人災）	
1 都市災害	大気汚染，水質汚濁，地盤沈下，火災など
2 産業災害	工場・鉱山などの施設災害，労働災害，放射線災害など
3 交通災害	陸上交通・飛行機事故，船舶事故など
4 管理災害	設計・計画のずさん，施工劣悪，管理不備・怠慢など
5 環境災害	ヘイズやアラブ海などの環境破壊が風発した災害
6 紛争災害	国境紛争・内戦など
7 CBRNE 災害	Chemical（化学）・Biological（生物）・Radiological（放射性物質）・Nuclear（核）・Explosive（爆発物）による災害

(4)　國井修編『災害時の公衆衛生』（南山堂，2012年）3頁。

この分類と，災害対策基本法に基づく定義を比べると，災害対策基本法に列挙されている事項は，少ない感じもしますね。しかし，この分類に含まれる事項については，災害対策基本法以外の法体系の中で，それぞれ規制がある事柄ですので，国等が全く関与していない事項とはいえません。

3 水害ってなに？

この本では，【水害編】として，特に水害に焦点を当てて，防災について考えたいと思います。この水害については次のような分類があります。

矢野の分類（水災害の種類）(5)

<table>
<tr><th>発生の場</th><th>発生の原因</th><th>災害現象</th></tr>
<tr><td rowspan="6">河川災害</td><td rowspan="5">雨</td><td>洪水災害</td></tr>
<tr><td>土砂災害</td></tr>
<tr><td>流木災害</td></tr>
<tr><td>内水災害</td></tr>
<tr><td>渇水災害</td></tr>
<tr><td>雪</td><td>融雪洪水災害</td></tr>
<tr><td rowspan="4">海岸災害</td><td rowspan="3">風</td><td>高潮災害</td></tr>
<tr><td>波浪災害</td></tr>
<tr><td>漂砂災害</td></tr>
<tr><td>地震</td><td>津波災害</td></tr>
</table>

(5) 矢野勝正編『水災害の科学』（技報堂，1971年）27頁。

「水害とは異常な風・雨・地震などによって，河川，海岸という場における地形，状態，施設，生産物，および人命が破壊，損傷，または機能低下を発生せしめて，国民経済，国民生活に好ましくない影響を与える現象」(6)。

水害に関しては，災害対策基本法だけではなく，水防法や河川法などによっても定めがあります。災害に関する法律などの詳細については，Ⅱの災害・防災に関する法，Ⅳの水害に備えるため・水害に遭ったときで触れることにします。

4　最近の防災の考え方

防災，つまり災害を防ぐということについて，どのように考えたら良いでしょうか。この本では，特に水害についての防災を学んでいきますので，その前提として，防災の考え方の基礎知識をここで学んでおきましょう。

防災には，大きく分けて，①行政や家庭において事前に行う対策という事前防災と，②災害が発生した場合における応急の対策があります。また，行政に関しては，③災害の後に，ここでの経験を踏まえて次の災害に備えるという意味での防災もあるでしょう。

①事前防災では，災害や災害時に起こりうることを想定し，必要な対策を講じる，必要なものを準備するといったことが考えられます。

(6)　矢野勝正編『水災害の科学』（技報堂，1971年）30頁。

災害と災害対応，復旧等のサイクル

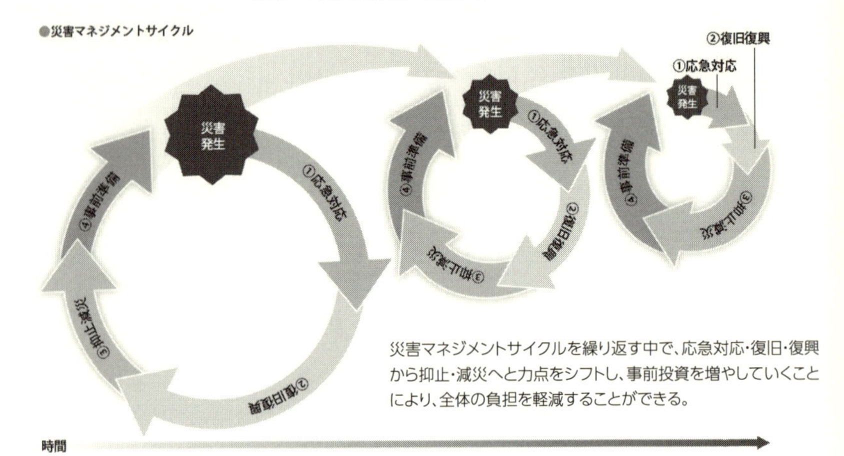

（https://www.jica.go.jp/activities/issues/special_edition/special02.html，2019年10月13日最終閲覧）

○家庭における「そなえ」

みなさんの家庭には「防災グッズ」「非常用持ち出しバッグ」などは，準備されているでしょうか。

防災グッズとしては，次のようなものが，必要だといわれています。

印かん，現金，救急箱，貯金通帳，懐中電灯，ライター，缶切り，ロウソク，ナイフ，衣類，手袋，ほ乳びん，インスタントラーメン，毛布，ラジオ，食品，ヘルメット，防災ずきん，電池，水

（消防庁防災グッズの紹介より https://www.fdma.go.jp/publication/database/activity001.html，2019 年 10 月 13 日最終閲覧）

最近は，情報収集の道具として，携帯電話・スマートフォンを利用することも多いかと思いますが，こうしたものについては，充電用のケーブルや電池等で充電する用具もあると便利かもしれません。

2019 年の台風 15 号では，千葉県で長期間の停電が発生しました。停電時には行政，家庭共に情報収集が困難となります。

これについては，2011 年の東日本大震災時にも，被災地が停電等の中で津波に関する情報収集が難しかったという経験もあります。

携帯電話・スマートフォンは，携帯基地局のトラブルや充電不足，インターネットの接続障害などによって不通となることも予想されます。特に大規模災害への備えとしては，私たちも，スマートフォンなど便利な道具に頼り過ぎず，ラジオなどのいざという時の情報収集の手段を事前に準備しておくことも必要となるでしょう。

このほか，家庭内の家具の配置や家族との連絡方法，ハザードマップ・避難経路の確認等，災害に遭う前に日ごろから備えることができること・備えるべきことはたくさんあります。水害に関して，避難のあり方などの「そなえ」についてⅣで詳しく学びたいと思います(7)。

○ 災害が迫っているときの「そなえ」

平時に行う「そなえ」のほか，災害が直前に迫っている時や災害が発生した場合に，その被害が少なくなるように取り組む防災もあります。

水害のように，台風の接近，前線の停滞など，直前の対策が可能な災害の場合には，家の補強，雨戸を閉める，物が飛ばされないように固定する，浸水が想定される場合には，土嚢(どのう)などで，浸水を防ぐ対策を行うことや，2階などに荷物を移動させるなどが事前にできるでしょう。

(7) 内閣府ウェブサイト「災害に対するご家庭での備え～これだけは準備しておこう！～」(http://www.kantei.go.jp/jp/headline/bousai/sonae.html#c3，2019年10月13日最終閲覧）なども確認しておきましょう。

そして，いざ災害が発生する状況に至った場合には，災害に関する情報提供に注意しながら，「生命を守る」という防災を行ってください。

雨が降る時には，気象に関する警報（大雨特別警報や警報，注意報，竜巻注意情報など）のほか，洪水に関する情報（河川の水位や氾濫に関する情報），土砂災害警戒情報など様々な情報提供がなされます。

こうした情報を基に，居住する市町村などが避難に関する情報を発することもありますが，自らが自らの「生命を守る」ということを第一に[8]，気象に関する警報等の情報から，居住場所，勤務場所の安全性を判断できるように日ごろから準備をしておくことも大切です。

大雨や洪水，土砂災害など，災害発生前に避難の呼びかけが可能な災害については，市町村などが発する避難の情報などを基に避難をすることができますが，地震や津波などの際には，災害発生後に自分の判断で避難をすることが大切です。

(8)　災害時の避難に際しては，住民一人ひとりが判断をして，「自らの生命は自らが守る」ことが基本とされています（内閣府「避難勧告等に関するガイドライン①（避難行動・情報伝達編）（平成 31 年 3 月）」8 頁。http://www.bousai.go.jp/oukyu/hinankankoku/pdf/hinan_guideline_01.pdf，2019 年 10 月 13 日最終閲覧）。

洪水ハザードマップ例

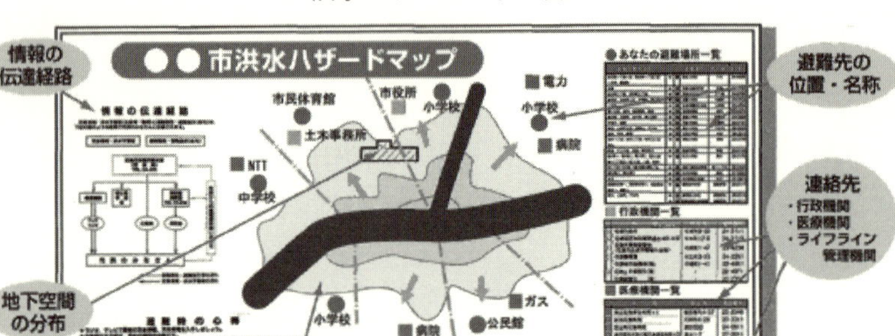

（国土交通省北海道開発局 https://www.hkd.mlit.go.jp/ky/kn/kawa_kan/ud49g7000000ftk2.html，2019 年 10 月 13 日最終閲覧）

○ 地域の「そなえ」

私たち，市民による防災だけではなく，地域や行政が行うべき防災もあるでしょう。

地域防災という意味では，どのように災害に備えることができるでしょうか。

例えば，地域の中で安全な場所を確認し，住民の間・家族の間で避難場所として決めておいても良いのではないでしょうか。

自宅の隣が学校や公共施設などの避難場所であるという人ばかりではないと思います。地域によっては，指定の避難場所まで自動車等で移動しなければならないという人もいるでしょう。洪水や津波による浸水であればなるべく高い場所，高い建物に避難することが必要になりますので，地域の中でそのような場所を見つけて，いざという時のために住民同士で話し合いをしておくことも大切でしょう。

もちろん，地域の集会所等が高台あり，付近に河川がなく，土砂災害の危険がないのであれば，そうした施設に避難することも可能です。しかし，防災のためには，より安全な行動をとることができるようにし，災害に応じた対応ができる方が良いでしょう。

地方では，地域の付き合いのある地域もあるでしょうが，都市部ではそうではないかもしれません。高齢者や子ども，身体が不自由な方などは，地域の人の手助けが必要な場合もあるでしょうから，地域・行政として，そうした人をどのように守るかを考える必要があるでしょう。

地域における防災については，2013 年の災害対策基本法改正によって，市町村内の一定の地区の居住者，事業者が行う自発的な防災活動に関する「地区防災計画制度」が新たに創設されています（都道府県や市町村の「地域防災計画」とは異なるものです。）。

2019 年 9 月の台風 15 号では，千葉県で長期間にわたって停電が発生しましたが，今後，地域の中で，集会所に電源を備えることを考える必要が出てくるかもしれません。

2018 年 9 月～10 月の台風 24 号では，静岡県静岡市，浜松市などの都市部でも長期間の停電が発生しました。こうした都市部では，高層マンションもあります。高層マンションでは停電

地方防災計画の計画事項例

平常時の取組	101
初動（地震発生直後／風水害発生直前）	134
避難行動／避難所開設	105
避難所の生活、運営（ルールの記載等）	70

（n=166）

＊複数のフェーズについて記載されている場合がある

訓練（計画に基づく）	134
普及啓発、防災教育　（チラシ配布、講習会等）	97
備蓄	62
避難場所、避難ルート確認	56
要配慮者対応（避難みまもり、名簿作成等）	55
マップ（掲載／今後見直し）	48
組織づくり	27
チェックリスト（家庭の対策／連絡先の確認　等）	26
避難所運営（マニュアル作成、学校との相談等）	19

（n=166、複数該当あり）

出典：内閣府調査（地域防災計画の改訂に至った地区防災計画の事例分析、調査時点は平成30年4月現在）

（令和元年度版防災白書より http://www.bousai.go.jp/kaigirep/hakusho/h31/zuhyo/zuhyo1-01_05_01.html，2019年10月13日最終閲覧）

平成30年7月豪雨による浸水の状況

（西日本豪雨：岡山県真備町。令和元年度版防災白書より http://www.bousai.go.jp/kaigirep/hakusho/h31/photo/ph001.html，2019年10月13日最終閲覧）

によってエレベーターも停止しますので，移動も容易にできなくなります。管理組合などを中心に，災害時の備えを検討しておくべきでしょう。

2018年の西日本豪雨や2019年の台風19号などでは，大きな被害が生じ，「水害」の恐ろしさを再認識することになりました。

このような浸水被害から人命を守るためには，どのような防災を行うべきでしょうか。この本を通じて学んでいきましょう。

5　災害と行政の関わり・行政による防災

行政による災害への対応としては，災害に対する日頃からの備え（事前防災・災害予防）や災害が発生した場合の対応，被害の拡大防止，災害発生後の復旧・復興等様々な場面において行政には果たすべき責務があります(9)。

Ⅱにおいて詳しく触れますが，災害対策基本法等の各法令において規定される責務のほか，地方公共団体では，条例等において独自に災害対策等について定めを置き，取組みがなされて

---

(9)　災害行政には，「異常な自然現象や予測不可能な大規模事故が起こることを前提として，自然現象の観測および観測に基づく現象の予想を行い，防災に必要菜範囲と程度において予知情報を提供し，治山治水事業を行い，災害に備えて，被害やその拡大の防止を図るための防災計画を作成する」災害予防行政，「災害に対して，応急的に必要な救助を行い，災害に遭遇した者の保護と社会の秩序の保全を図ることを目的とする」災害援助行政，「災害を被った施設を迅速に従前の効用に復旧させるため」に行われる復旧事業をする，災害復旧行政があるとされます（村上武則編『応用行政法〔第2版〕』（有信堂，2001年）49頁以下参照）。

いる事例があります。

災害に関する行政の役割としては，①災害予防行政，②災害救助・応急対策行政，③災害復旧・復興行政の３つがあります。

○ 災害予防行政

災害予防行政としては，①国の基本的な計画（防災基本計画）の作成，これに基づく②指定行政機関の長による防災業務計画の作成，③都道府県や市町村による地域防災計画の作成があります。

こうした各計画では，具体的な災害予防に関する計画のほか応急対策や復旧・復興に関しても，具体的な方向性が明記されています。

災害の予防の主たる手法として，災害の予知があります。ただし，全ての災害について予知が可能であるわけではありません。

一方で，科学技術の進歩とともに災害の発生を事前に予知することも可能な場合があります。気象庁は，気象，地象，津波，高潮，波浪および洪水について観測し，予報および警報をする責務を負い（気象業務法13条）[10]，この警報等に基づき地方公共団体による避難勧告等の発令や住民が避難行動をすることに

---

(10) 2013年の改正により，気象業務法に13条の2が追加され，「気象庁は，予想される現象が特に異常であるため重大な災害の起こるおそれが著しく大きい場合として降雨量その他に関し気象庁が定める基準に該当する場合には，政令の定めるところにより，その旨を示して，気象，地象，津波，高潮及び波浪についての一般の利用に適合する警報をしなければならない。」（同法13条の2第1項）として，いわゆる特別警報の規定が設けられました。

よって，人命が守られることがあるため，こうした事前の警報などは重要な行政の役割といえるでしょう（なお，災害対策基本法上は，避難勧告等については，「応急対策」に含まれています。）。

災害に備えて，地域防災マップ・ハザードマップの作成や避難所等の整備，食料等の備蓄，自主防災組織等の結成促進，防災訓練等が各市町村を主体として行われています。また，都市部であれば帰宅困難者対策(11)や高層住宅の防災対策(12)が行われ，山村地域においては，集落の孤立化対策(13)などが行われているところです。

このほか，河川堤防の整備や土地のかさ上げ，急傾斜地の整備，防災行政無線の整備といった公共事業も災害予防行政として重要な意味を持つことになります。

○ 災害救助・応急対策行政

災害救助・応急対策行政とは，災害が発生した際に「応急的に，必要な救助を行い，被災者の保護と社会の秩序の保全を図る」こと（災害救助法１条）などを行うことをいい，また，災

---

(11)　東京都では，2012年に「東京都帰宅困難者対策条例」が制定され，東京都や都下の各市区町村において対策が行われています（https://www.bousai.metro.tokyo.lg.jp/kitaku_portal/1000050/1000536.html，2019年10月13日最終閲覧）。

(12)　「中央区地域防災計画（平成27年修正）」28頁以下など参照（http://www.city.chuo.lg.jp/bosai/bosai/kutorikumi/bousaikeikaku/chiikibousaikeikaku.html，2019年10月13日最終閲覧）。

(13)　「熊本県南阿蘇村地域防災計画（平成30年6月修正）」84頁など参照（https://www.vill.minamiaso.lg.jp/soshiki/1/bousaikeikaku.html，2019年10月13日最終閲覧）。

害対策基本法50条は，「災害が発生し，又は発生するおそれがある場合に災害の発生を防御し，又は応急的救助を行う等災害の拡大を防止するために行うもの」として，災害応急対策を定めています(14)。ここには，警察消防等の救助活動や避難所の設置，避難勧告の発令等が含まれます。

災害救助・応急対策行政では，災害発生の危険がある場合または災害発生直後の住民の避難，救出に係る事項に関して，消防（消防職員，消防団員）による消火，救助，救急の活動，避難誘導等，警察による救助，避難誘導等が行われるほか，自衛隊法83条等(15)に基づく災害派遣により自衛隊が派遣された場合には，自衛隊による救助，避難誘導等が行われます(16)。

最近では地震をはじめ，水害，土砂災害などの救出活動，2019年の千葉県での停電における復旧にかかる作業や台風によって飛ばされた屋根の簡易修繕作業にも自衛隊が出動する例があります。

---

(14) 災害対策基本法上の災害応急対策として，①警報発令や避難勧告等，②消防，水防その他の応急措置，③被災者の救助等，④被災児童等の応急の教育，⑤施設等の応急復旧，⑥廃棄物処理，防疫等，⑦犯罪予防，交通規制等，⑧緊急輸送の確保，⑨その他災害拡大防止等の措置が規定されています（災対法50条1項）。

(15) 自衛隊法83条の災害派遣のほかに，同法83条の2の地震防災派遣，同法83条の3の原子力災害派遣があります。

(16) ただし，災害救助については，大規模災害時には消防や警察の救助が十分に行き渡らないことがあるため，自助，共助などの自力での脱出や家族，近隣住民等による救助活動が重要となるとされています（内閣府「平成26年版防災白書」4頁以下など参照）。

地方公共団体のための災害時受援体制に関するガイドラインについて

地方公共団体のための災害時受援体制に関するガイドライン（概要）

はじめに

「熊本地震を踏まえた応急対策・生活支援策の在り方について（報告）」
（H28.12 中央防災会議　熊本WG）

受援を想定した体制整備について検討を進めるべきと提言。

応援・受援の現状

- ➢人的・物的応援においては、様々な枠組みによる支援が存在し、全体像の把握が難しい現状がある。
- ➢応援の受入れは、災害対策本部の各班・課の業務担当窓口が担っているため、一元的把握に課題がある。
- ➢都道府県の応援・受援体制がはっきりしない。
- ➢様々な応援の枠組みの中で多種多様な業務が対象となっており、受援側が把握しきれていない。

応援・受援の体制（被災県・被災市町村）（応援県・応援市町村）

- ➢被災都道府県は、災害対策本部内に「応援・受援本部」を、被災市町村は、災害対策本部内に「受援班／受援担当」を設置し、役割を明確化しておく。
- ➢応援を送り出す県には「応援本部」を、市町村には「応援班／応援担当」を設置し、役割を明確化しておく。

平時からの取組

- ➢地方公共団体は、応援・受援計画等の策定に取り組む。
- ➢「どの業務」に「どのような人的・物的資源が必要か」を資源管理表に整理しておく。
- ➢研修や図上訓練等の実施により、応援・受援の実効性を高めておくとともに相互に顔の見える関係を構築しておく。　　など

【受援体制の整備とは】

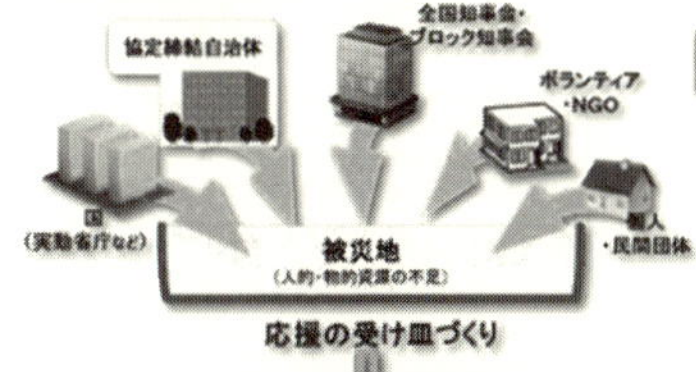

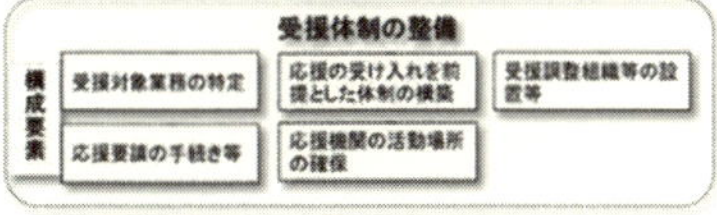

海外からの支援に対する基本的な考え方

- ➢国からの照会に基づき、必要があれば国に支援の要請を行う。

出典：内閣府資料

（平成29年度版防災白書より http://www.bousai.go.jp/kaigirep/hakusho/h29/zuhyo/zuhyo_t03_02_03.html，2019年10月13日最終閲覧）

行政は，災害発生時に迅速に，救出活動を行い，避難所の設置等の対策を講じるべきですが，大規模災害時には一つの地方公共団体では，災害対策・応急対策行政を十分に行うことができないこともあります。

このため，緊急消防援助隊（消防組織法45条）や他の地方公共団体等からの職員の派遣（災害対策基本法29条以下）などが行われることがあるのです。

災害発生時の避難所生活では，発達障害児やペット同伴避難への配慮が東日本大震災時にも課題となっていましたが，熊本地震においてもこれらへの対策が十分でないとの指摘がありました(17)。

災害の経験を経て，次の災害が発生した際の災害救助・応急対策行政のあり方が検討されるべきでしょう(18)。

---

(17) 発達障害等への配慮については，東日本大震災後に厚生労働省が通知を出し，避難生活への支援を求めていましたが（http://www.mhlw.go.jp/stf/houdou/2r98520000014tr1-img/2r985200000153dd.pdf，2019年10月13日最終閲覧），熊本地震の経験（http://www.jiji.com/jc/article?k=2016042600039&g=eqa，2019年10月13日　最終閲覧）も生かし，考えていかなければなりません。

ペット同伴の避難はトラブルになる事例もあり，対策が求められています（http://www.sankei.com/affairs/news/160425/afr1604250003-n1.html，2019年10月13日最終閲覧）。東日本大震災での経験も生かし，環境省では「災害時におけるペットの救護対策ガイドライン」（https://www.env.go.jp/nature/dobutsu/aigo/2_data/pamph/h2506/ippan.pdf，2019年10月13日最終閲覧）を定め，飼い主らに災害時への備え等を求めています。

(18) 熊本地震で，過去の災害における教訓を生かせていない点として，仮設住宅の用地の確保問題がありました。東日本大震災後，国

○ 災害復旧・復興行政

災害復旧・復興行政には，災害発生後の応急的な対策などの後，社会資本の整備・再建や被災者の生活再建，災害廃棄物の処理などがあります。

災害復旧・復興は，基本的には各地方公共団体が行うこととされますが，災害復旧事業や応急対策に関する費用負担については，国等の支援が規定されています（災害対策基本法87条～90条，91条以下）。

は各地方公共団体に仮設住宅の用地の事前選定を求めてきました（国土交通省住宅局住宅生産課「応急仮設住宅建設必携　中間とりまとめ（平成24年5月）」（http://www.mlit.go.jp/common/000211741.pdf, 2019年10月13日最終閲覧）19頁以下参照――東日本大震災以前でも厚生労働省「応急仮設住宅の設置に関するガイドライン（平成20年6月）」（http://www.bousai.go.jp/kaigirep/houkokusho/hukkousesaku/saigaitaiou/output_html_1/1-1-2-15.html，2019年10月13日最終閲覧）31頁以下において用地の事前選定を行うよう規定されています。），そうした状況であったものの，熊本地震の被災地では用地の事前選定を行っていない地方公共団体が存在しました（2016年5月16日・朝日新聞朝刊）。仮設住宅用地については，神奈川県で「建設候補用地をリストアップし，データベース化した例」や高知県で「建設候補地をGISデータとして整理し，優先順位の高い用地について配置計画を作成した例」などがあり（内閣府「被災者の住まいの確保に関する取組事例集（平成27年3月）」（http://www.bousai.go.jp/taisaku/pdf/sumai/sumai_jirei.pdf，2019年10月13日最終閲覧）13，14頁），地方公共団体の取組みに関しての差があるようです。

災害が起こるまでは，対岸の火事としか認識されていないのかもしれませんが，次の災害に備えた対策を講じていかなければならないでしょう。

また，大規模災害時には，地方公共団体の費用負担を軽減するために，激甚災害法（激甚災害に対処するための特別の財政援助等に関する法律）に基づき，公共施設等や農地の被害について災害復旧国庫補助事業として，国の費用負担比率を引き上げることとされています。

さらに，東日本大震災後に制定された，大規模災害からの復興に関する法律（以下「大規模災害復興法」。）では，被災による地方公共団体の行政機能の低下等を考慮して，地方公共団体に代わって国が復旧・復興行政を行うことができることとされました(19)。なお，この大規模災害復興法については，熊本地震に適用されることとなっています(20)。また，2019 年台風 19 号にも適用されることとなりました。

災害復旧・復興行政は，被災者が今までの生活に戻れるように，被災地を住みよい街に戻すため，被災住民の意見を取り入れながら，なおかつ再び災害に見舞われた際に被害を最小限にするための災害に強いまちづくりが必要とされます。

大規模災害復興法でも，復興計画で「住民の意見を反映させるために必要な措置」を講じるよう規定していますが，国や地方公共団体が一方的に押しつけるような（災害に強い）まちづ

(19) 大規模災害からの復興に関する法律と復旧・復興の関係については，佐々木晶二「大規模災害からの復興に関する法律と復興まちづくりについて」Urban study 57 巻（2013 年）41 頁以下参照。

(20) 平成 28 年 5 月 10 日内閣府（防災担当）「平成二十八年熊本地震による災害についての非常災害の指定に関する政令」について（http://www.bousai.go.jp/kohou/oshirase/pdf/20160510_01kisya.pdf，2019 年 10 月 13 日最終閲覧）参照。

くり，とならないよう注意する必要があります。また，大規模災害の被災後に，住民の意見をどのように反映させるべきかについて，早期の復旧復興の実現のためにも，行政が事前に十分な検討を積み重ねておく必要があるでしょう。

過去2年の間の激甚災害指定状況（局地激甚災害を除く）

2019年10月13日現在

災　害　名	主な被災地
2017年　梅雨前線（九州北部豪雨等），台風第3号	福岡県・大分県・秋田県
2017年　台風第18号	京都府・愛媛県・大分県
2017年　台風第21号	新潟県，三重県，近畿地方
2018年　梅雨前線（平成30年7月豪雨等）・台風第5号・第6号・第7号・第8号	岡山県・広島県・愛媛県
2018年　台風第19号・第20号・第21号等	和歌山県・奈良県・大阪府・長野県・新潟県
2018年　北海道胆振東部地震	北海道
2018年　台風第24号	鳥取県・宮崎県・鹿児島県
2019年　梅雨前線・台風第3号・第5号	長崎県・鹿児島県・熊本県
2019年　第13号・第15号等（2019年10月13日現在は，予定）(21)	千葉県・佐賀県等

（http://www.bousai.go.jp/taisaku/gekijinhukko/list.html，2019年10月13日最終閲覧から一部抜粋）

(21)　NHK NEWSWEB 2019年10月11日，https://www3.nhk.or.jp/news/html/20191011/k10012123411000.html，2019年10月13日最終閲覧。

Ⅱ 災害・防災と法

1 災害・防災に関する基本の法律

災害・防災に関する基本の法律としては，災害対策基本法があります。ここでは，「災害」の定義がなされていることは，Ⅰで触れましたが，それ以外にも様々な規定が設けられています。

また，災害に関する法律は，災害対策基本法以外に多く存在します。

次のページの一覧を参照してみてください。

聞いたことのない法律もたくさんあると思います。

そのような多くの法律の中でも，災害対策基本法は，災害の予防，応急救助，復旧・復興のすべての場面で基礎となる法律です。

災害対策基本法は，「国土並びに国民の生命，身体及び財産を災害から保護するため，防災に関し，基本理念を定め，国，地方公共団体及びその他の公共機関を通じて必要な体制を確立し，責任の所在を明確にするとともに，防災計画の作成，災害予防，災害応急対策，災害復旧及び防災に関する財政金融措置その他必要な災害対策の基本を定めることにより，総合的かつ計画的な防災行政の整備及び推進を図り，もつて社会の秩序の維持と公共の福祉の確保に資すること」を目的としています（1条）。

つまり，国や地方公共団体等の責務，権限，防災計画等につ

主な災害対策関係法律の類型別整理表

災害対策基本法

類型	予防	応急	復旧・復興
地震 津波	・大規模地震対策特別措置法 ・津波対策の推進に関する法律 ・地震防災対策強化地域における地震対策緊急整備事業に係る国の財政上の特別措置に関する法律 ・地震防災対策特別措置法 ・南海トラフ地震に係る地震防災対策の推進に関する特別措置法 ・首都直下地震対策特別措置法 ・日本海溝・千島海溝周辺海溝型地震に係る地震防災対策の推進に関する特別措置法 ・建築物の耐震改修の促進に関する法律 ・密集市街地における防災街区の整備の促進に関する法律 ・津波防災地域づくりに関する法律	・災害救助法 ・消防法 ・警察法 ・自衛隊法	＜全般的な救済援助措置＞ ・激甚災害に対処するための特別の財政援助等に関する法律 ＜被災者への救済援助措置＞ ・中小企業信用保険法 ・天災による被害農林漁業者等に対する資金の融通に関する暫定措置法 ・災害弔慰金の支給等に関する法律 ・雇用保険法 ・被災者生活再建支援法 ・株式会社日本政策金融公庫法 ＜災害廃棄物の処理＞ ・廃棄物の処理及び清掃に関する法律 ＜災害復旧事業＞ ・農林水産業施設災害復旧事業費国庫補助の暫定措置に関する法律 ・公共土木施設災害復旧事業費国庫負担法 ・公立学校施設災害復旧費国庫負担法 ・被災市街地復興特別措置法 ・被災区分所有建物の再建等に関する特別措置法 ＜保険共済制度＞ ・地震保険に関する法律 ・農業保険法 ・森林保険法 ＜災害税制関係＞ ・災害被害者に対する租税の減免、徴収猶予等に関する法律 ＜その他＞ ・特定非常災害の被害者の権利利益の保全等を図るための特別措置に関する法律 ・防災のための集団移転促進事業に係る国の財政上の特別措置等に関する法律 ・大規模な災害の被災地における借地借家に関する特別措置法
火山	・活動火山対策特別措置法		
風水害	・河川法	・水防法	
地滑り 崖崩れ 土石流	・砂防法 ・森林法 ・地すべり等防止法 ・急傾斜地の崩壊による災害の防止に関する法律 ・土砂災害警戒区域等における土砂災害防止対策の推進に関する法律		
豪雪	・豪雪地帯対策特別措置法 ・積雪寒冷特別地域における道路交通の確保に関する特別措置法		
原子力	・原子力災害対策特別措置法		・大規模災害からの復興に関する法律

出典：内閣府資料

（令和元年度版防災白書より http://www.bousai.go.jp/kaigirep/hakusho/h31/honbun/3b_6s_27_00.html, 2019年10月13日最終閲覧）

いて規定を設け，これによって国民の生命，身体，財産を災害から保護し，安定的な社会を維持しようとするわけです。

大規模災害などでは，国民生活の混乱や物資の不足，これに起因する暴動などが起こることも考えられます。そのような混乱を生じないためにも，事前に様々な対策を講じることとしているわけです。

○ 行政の責務

災害対策基本法は，国の責務について，①国土や国民の生命，財産等の保護のために万全の措置を講じるという防災に関する責務を有すること，②災害予防，災害応急対策および災害復旧に関する基本計画の作成をし，地方公共団体等の業務の総合調整や経費負担の適正化を図ること，③各省庁が災害対策にあたって，相互協力を行うこと，④各省庁の長が地方公共団体に対して，防災計画の作成やその実施が円滑に行われるように勧告等を行うこと，を規定しています（3条）。

地方公共団体の責務について，都道府県については，市町村を包括する広域の地方公共団体であるため，広域にわたる事務や市町村の連絡調整を担うこととされ（地方自治法2条5項），このような都道府県の性格を考慮して，都道府県地域防災計画等の作成やその実施とともに市町村の事務，業務を助け，総合調整を行うこととされています（災害対策基本法4条1項）。さらに，都道府県の機関の相互協力義務を規定しています（同条2項）。

市町村は，住民に最も身近な行政主体として位置づけられることから，基礎的な地方公共団体として，住民との関係で，災害時の避難の呼びかけ・誘導，避難所開設や避難支援，復旧・復興の主体となる団体とされます。これを前提とした市町村地域防災計画等の作成やその実施をすることとされています（5条1項）。

また市町村長は，このような市町村の責務を遂行するために，消防機関（消防団を含む），水防団等の整備，公共的活動をする団体や自主防災組織等の充実，住民の自発的な防災活動促進を図ることとされ（同条2項），また，地方公共団体相互の協力について規定されています（5条の2）。

このように，国や地方公共団体には，災害行政に関する責務があるわけですが，私たち住民についても災害対策法に規定があります。

○ 住民の責務

災害対策基本法7条3項には，「地方公共団体の住民は，基本理念にのっとり，食品，飲料水その他の生活必需物資の備蓄その他の自ら災害に備えるための手段を講ずるとともに，防災訓練その他の自発的な防災活動への参加，過去の災害から得られた教訓の伝承その他の取組により防災に寄与するように努めなければならない。」と規定されているのです。

災害に「そなえる」ために，災害に際しては，私たちは，行政や自治会・町内会，避難の放送をするテレビ局，電気やガスの事業者，医療関係者さまざまな人々によって支えられることを念頭に，自らにできることは自ら「そなえる」そうした，他人任せではない姿勢が求められています。

また，東日本大震災後の災害対策基本法の改正によって，2条の2に災害対策に関する考え方を統一するために基本理念についての規定が新たに規定されたほか[22]，市町村の責務として住民の自発的な防災活動の促進やボランティアとの連携（5条，5条の3），避難を円滑に進めるための防災マップ作成の促進（49条の9），避難行動要支援者名簿の作成・名簿情報の提供（49条の10以下），屋内での待避等の安全確保措置の指示，いわゆる屋内待避（60条3項）[23]などの規定の追加が行われました。

屋内待避についての規定が設けられたことから，次の図のように，屋内での安全確保の指示をすることも，地方公共団体の責務とされています。

そして私たちにも，そうした情報を受けた際には，災害の状況に応じた避難行動の判断をする必要があります。

---

(22) 災害対策に係る基本理念は，減災の考え方（1号），災害対策の実施主体（2号），ハード面ソフト面の組合せによる対策と不断の見直し（3号），災害応急対策における人命の保護（4号），被災者の援護（5号），速やかな復旧と復興（6号）によって構成されています。詳細については，防災行政研究会編『逐条解説　災害対策基本法〔第3次改訂版〕』（ぎょうせい，2016年）12-13頁参照。

(23) 屋内待避に関しては，竜巻発生時や津波からの避難，水害・高潮からの避難の際に屋外に出て避難所等へ移動することが困難である場合に屋内に留まることを避難行動として位置づけたものです。最近では，大雨時にテレビでの情報提供の際に屋内の安全な場所（2階等）に避難するように呼びかけることもあります。

（出典：日本気象協会推進　トクする！防災）

○ 避難行動要支援者制度

2013年の災害対策基本法改正では，避難行動要支援者名簿の作成を市町村に対して義務づけがなされました。

みなさんの中でも，「避難行動要支援者名簿」ということばを聞いたことがある方がいるのではないでしょうか。

この制度は，東日本大震災で，「犠牲者の過半数を65歳以上の高齢者が占め，また，障害者の犠牲者の割合についても，健常者のそれと比較して2倍程度と推計」(24)されるとされ，そのような被災の傾向が過去の大規模な震災・風水害等においても共通してみられることなどから，災害時に自力避難等に支障がある人についての避難支援を強化する制度の一つとして導入されました。ここでは，名簿整備によって平時から災害時に避難支援を要する人を確認し，名簿を用いて関係機関等との連携を

(24)　平成25年6月21日府政防第559号，消防災第46号，社援総発0621第1号通知「災害対策基本法等の一部を改正する法律改正後の災害対策基本法等の運用について」1頁。

図ることとされています[25]。

高齢者等の被災者の状況については，内閣府の報告書などによって示されているところで[26]，この状況の改善の必要性も指摘されています[27]。

災害対策基本法は49条の10から13に避難行動要支援者名簿に関する規定を設けています。

ここでは，各市町村における避難行動要支援者名簿の作成を義務づけ，避難行動要支援者名簿における記載・記録事項として，要支援者の「①氏名，②生年月日，③性別，④住所又は居所，⑤電話番号その他の連絡先，⑥避難支援等を必要とする事由，⑦前各号に掲げるもののほか，避難支援等の実施に関し市町村長が必要と認める事項」を規定しています。

また，名簿作成にかかる情報の市町村内部での目的外利用，情報提供を求めることができるとし，避難支援等のため市町村

---

(25)　平成25年6月21日府政防第559号，消防災第46号，社援総発0621第1号通知「災害対策基本法等の一部を改正する法律改正後の災害対策基本法等の運用について」1頁。

(26)　内閣府「災害時要援護者の避難支援に関する検討会報告書」(http://www.bousai.go.jp/taisaku/hisaisyagyousei/youengosya/h24_kentoukai/houkokusyo.pdf，2019年10月13日最終閲覧）1頁，内閣府「避難行動要支援者の避難行動支援に関する取組指針（平成25年）」(http://www.bousai.go.jp/taisaku/hisaisyagyousei/youengosya/h25/hinansien.html，2019年10月13日最終閲覧）1頁など。

(27)　宇賀克也「防災行政における個人情報の利用と保護」季報情報公開個人情報保護52号（2014年）33頁。

内部での名簿情報の利用や（災害発生時などの緊急時以外——平時——にも）本人の同意を得るなどして，消防や警察，民生委員，自主防災組織などに名簿情報を提供できることとしています。

このほか，個人情報であることから名簿情報の外部提供等についての配慮義務，名簿の提供を受けた者の秘密保持義務が規定されています。

新たに導入された避難行動要支援者名簿という制度ですが，災害時に支援を必要とする住民等に対する対応は，2005 年 3 月に作成された「災害時要援護者の避難支援ガイドライン」[28]に基づき各地方公共団体において災害対策基本法の改正前から行われていました[29]。

災害対策基本法の改正によって制度を導入した意義は，すべての市町村に対して名簿作成を義務づけ，一定の画一的な制度を構築し，その情報を活用する法的根拠を示したものといえるでしょう。

---

(28) 内閣府「災害時要援護者の避難支援ガイドライン（平成 17 年）」（http://www.bousai.go.jp/taisaku/hisaisyagyousei/youengosya/h16/pdf/03_shiryou1.pdf，2019 年 10 月 13 日最終閲覧），内閣府「災害時要援護者の避難支援ガイドライン（改訂版）（平成 18 年）」（http://www.bousai.go.jp/taisaku/youengo/060328/pdf/hinanguide.pdf，2019 年 10 月 13 日最終閲覧）。

(29) 2013 年 4 月 1 日現在，「要援護者名簿」の整備をしている市区町村（1742 市区町村：当時）は，1278 団体で全体の 73.4％となっていました。平成 25 年 7 月 5 日消防庁「災害時要援護者の避難支援対策の調査結果」（http://www.fdma.go.jp/neuter/topics/houdou/h25/2507/250705_1houdou/01_houdoushiryou.pdf，2019 年 10 月 13 日最終閲覧）2 頁。

なお，2018 年 6 月 1 日現在，避難行動要支援者名簿は，調査対象市町村（1739 市町村）のうち 97.0%（1687 市町村）が作成しています[30]。

災害対策基本法には，みなさんも一度は聞いたことがある「避難勧告」などについても規定がされています。

この点については，Ⅳで詳しく説明したいと思います。

避難行動要支援者制度についての取組み（滋賀県守山市）

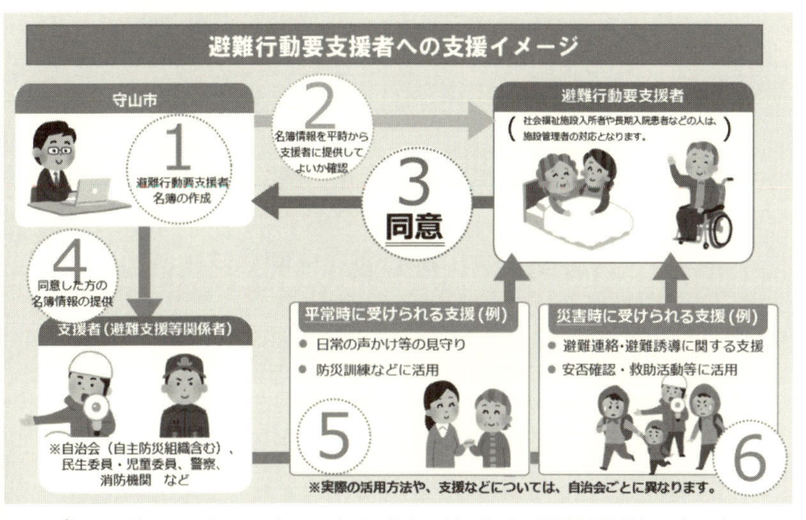

（https://www.city.moriyama.lg.jp/fukushiseisaku/20180215hinankoudou.html，2019 年 10 月 13 日最終閲覧）

(30)　平成 30 年 11 月 5 日消防庁「避難行動要支援者名簿の作成等に係る取組状況の調査結果等」（https://www.fdma.go.jp/pressrelease/houdou/assets/301105_houdou_1.pdf，2019 年 10 月 13 日最終閲覧）。

避難行動要支援者制度についての取組み（千葉県成田市）

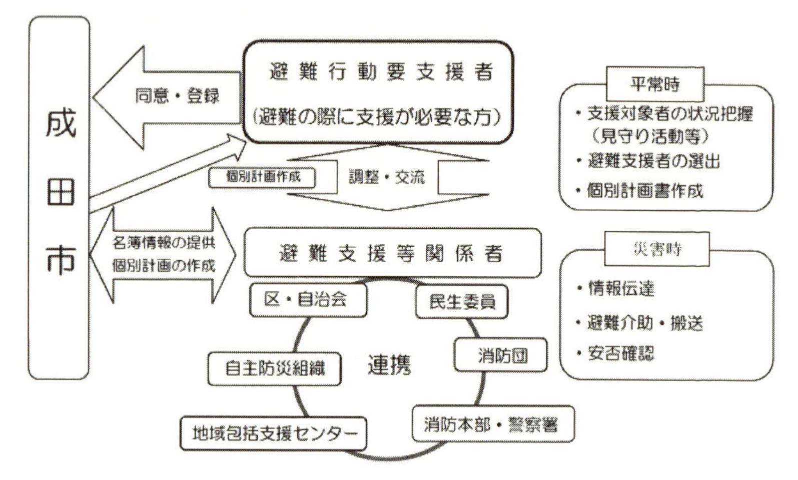

（https://www.city.narita.chiba.jp/anshin/page122700.html，2019年10月13日最終閲覧）

2　災害時の支援や災害の復興に関する法律

○ 災害救助法

「災害に際して，国が地方公共団体，日本赤十字社その他の団体及び国民の協力の下に，応急的に，必要な救助を行い，被災者の保護と社会の秩序の保全を図ることを目的」として，災害救助法という法律が制定されています。

できる限り災害を未然に防ぐことが望ましいわけですが，それでも災害が発生してしまった場合に，被災者に対する支援が必要になります。

例えば，大雨が続いているような場合，土砂災害がいつ発生するかわからない場合などに，自宅から安全な場所に避難し，一時的な滞在をする必要があるかもしれません。そのような場合には，「避難所」が必要になりますし，多くの家屋に甚大（じんだい）な被害が出た場合などには，住宅再建までの間，「仮設住宅」が必要になるかもしれません。

そのほか，水や食事が十分に提供されない場合には，そうしたものの提供も必要となるでしょう。

災害救助法による救助には，①避難所の設置，②応急仮設住宅の供与，③食品の給与，④飲料水の供給，⑤生活必需品の給与・貸与，⑥医療等，⑦被災者の救出，⑧住宅の応急修理，⑨学用品の給与，⑩埋葬，⑪死体の捜索等，⑫障害物の除去があるとされます（4条）(31)。

車いすに対応したバリアフリー型仮設住宅

（平成29年度版防災白書より http://www.bousai.go.jp/kaigirep/hakusho/h29/photo/ph014.html，2019年10月13日最終閲覧）

(31)「災害救助法の概要（平成31年度版）」(http://www.bousai.go.jp/taisaku/kyuujo/pdf/siryo1-1.pdf，2019年10月13日最終閲覧）3頁。

2. 災害救助法 ①適用基準（災害救助法施行令）

1. 住家等への被害が生じた場合

（1）当該市町村区域内の人口に応じ次の世帯数以上であること（令第1条第1項**第1号**）

市町村区域内の人口	住家滅失世帯数	市町村区域内の人口	住家滅失世帯数
5,000人未満	30	50,000人以上 100,000人未満	80
5,000人以上 15,000人未満	40	100,000人以上 300,000人未満	100
15,000人以上 30,000人未満	50	300,000人以上	150
30,000人以上 50,000人未満	60		

※1 半壊又は半焼した世帯は、2世帯をもって滅失した一の世帯とする。
※2 床上浸水した世帯は、3世帯をもって滅失した一の世帯とする。

災害救助法について（http://www.bousai.go.jp/updates/h280414jishin/h28kumamoto/pdf/sanko01.pdf，2019年10月13日最終閲覧）9頁一部抜粋。

災害救助法による救助には，適用されるための基準があります。ここでは，局所的な災害（例えば近隣の5軒の住宅に被害が生じた災害など）には適用されず，住宅等へ一定数以上の被害が生じた場合に適用されることになっています。

災害救助法による救助には，それぞれ基準が設けられているため，その基準に適合しなければ，対象とならず，救助にかかる費用等にも限度額が設けられています。

2019年の台風15号による千葉県での被害では，屋根の損傷が多く存在しました。災害救助法では，応急修理についての規定がありますが，ここでの対象となる基準は，住宅の被害が「半壊以上」となっています。屋根の損傷については，その多くが「一部損壊」と認定されることから，本来は，この対象となりません。

しかし，被害の大きさを考慮し，早期の復旧・復興のために，特例的に国が支援することとなりました(32)。

こうした動きについては，大規模な被害を生じたが故に支援を受けることができたものと，他の災害で被災した地方公共団体や住民から不満の声が出るかもしれません。

台風メッカである南九州や沖縄地域であれば，もしかしたら家の補強がしっかりしているかもしれませんし，沖縄の住宅は鉄筋コンクリート造の住宅が多く，台風による被害が生じにくいかもしれません。

災害に際しての住宅等の再建については，この後に，被災者生活再建支援法についての紹介もしますが，災害ごとに，国等が住宅の再建等について支援を行うことが，今後財政上難しくなるかもしれません。

災害に備えた（建物等での損害のみならず，人命を守るという点での防災としての意味を持つ）住宅建設・再建といったことも考えていくべきでしょうし，こうした再建等に対して支援を行うことも必要になっていくでしょう。

なお，国は災害救助法での応急修理の支援対象について，従来「半壊以上」とされていたものを，今後「一部損壊」も含むものとして，2019 年度からの災害に適用することとしました(33)。

災害救助法は，2018 年に改正され，災害救助の実施について，都道府県とともに救助の主体となる，「救助実施市」の制度が設けられました。

（32）　東京新聞 2019 年 9 月 25 日。

（33）　NHK NEWSWEB 2019 年 10 月 8 日，https://www3.nhk.or.jp/news/html/20191008/k10012116951000.html，2019 年 10 月 13 日最終閲覧。

主な災害対策関係法律の類型別整理表

図表 2-2-1　災害救助法の一部を改正する法律（平成31年4月1日施行）

災害救助法の一部を改正する法律の概要

平成30年6月15日公布

災害救助法

一定規模の災害に際しては、避難所の設置や応急仮設住宅の供与等の救助を都道府県知事が行うとともに、救助に要した費用の一部を、国が負担することを規定。

法律の概要

災害救助の円滑かつ迅速な実施を図るため、救助実施市が自らの事務として被災者の救助を行うことを可能にする制度を創設。

1．救助実施市の指定

内閣総理大臣は、申請に基づき、防災体制や財政状況等を勘案し、救助実施市※を指定するものとする。また、指定に際しては、内閣総理大臣はあらかじめ都道府県知事の意見を聴くものとする。

※　指定都市を指定、具体的な基準は内閣府令で規定。

2．都道府県による調整

都道府県知事は、救助に必要となる物資（食料や住宅資材等）の供給等が適正かつ円滑に行われるよう、救助実施市の長及び物資の生産等を業とする者その他の関係者との連絡調整を行うものとする。

3．災害救助基金

救助実施市は、救助費用の財源に充てるため、都道府県と同様に災害救助基金を積立てておかなければならないこととする。

※　災害対策基本法第72条第1項に定める都道府県知事の指示権等について、変更はなし。

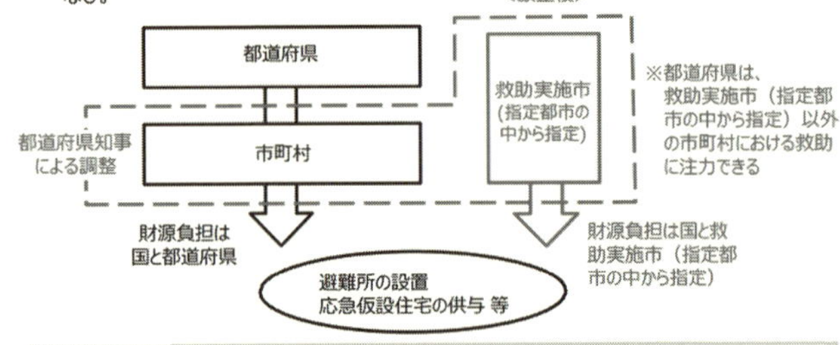

改正効果

最大2,700万人(全国20指定都市の総人口)の被災者の救助を迅速かつ円滑に行えるようになるとともに、その他の市町村の被災者の救助も迅速化されるという効果が期待できる。

施行期日　平成31年4月1日

出典：内閣府資料

（令和元年度防災白書より http://www.bousai.go.jp/kaigirep/hakusho/h31/zuhyo/zuhyo1-02_02_01.html, 2019年10月13日最終閲覧）

○ 被災者の生活再建の制度

被災者生活再建支援法は，「自然災害によりその生活基盤に著しい被害を受けた者に対し，都道府県が相互扶助の観点から拠出した基金を活用して被災者生活再建支援金を支給するための措置を定めることにより，その生活の再建を支援し，もって住民の生活の安定と被災地の速やかな復興に資することを目的」として，定められています。

この法律による支援は，10 世帯以上の住宅が全壊被害を受けた市町村のほか，災害救助法に該当する被害が発生した市町村などに適用されることになります。

つまり，この法律では，一定程度以上の被害を生じた災害について，その被害を受けた住民の生活再建を支援するために金銭給付を行うことになります。

住宅等の被害の程度によって支援の額は異なりますが，住宅が全壊し，新たに建設する場合には，最大で 300 万円の支援を受けることができます。

しかし，この金額によって住宅再建が可能でないことは，明らかですので，あくまでも再建の「支援」をするという性質のものです。私たちは，火災保険や地震保険に加入し，これによって再建資金を得ることが基本になるでしょう。

このほか，災害弔慰金の支給等に関する法律による，(住宅再建にかかる) 災害援護資金の貸付けや，災害弔慰金の支給などの制度があります。

災害援護資金制度

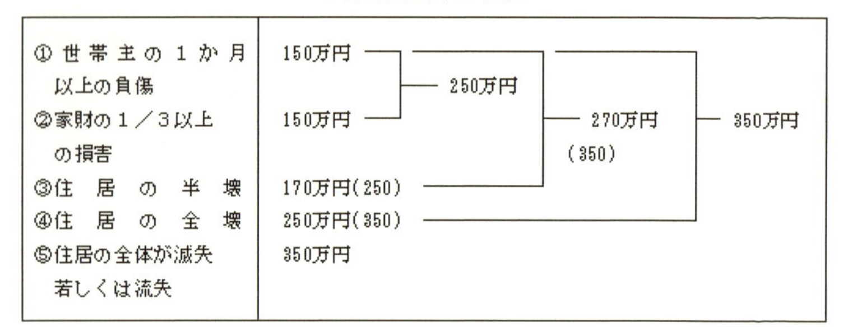

（注）被災した住居を建て直す際にその住居の残存部分を取り壊さざるをえない場合等特別の事情がある場合は(　)内の額となります。

(https://www.pref.miyagi.jp/soshiki/engo/engoshikin.html, 2019年10月13日最終閲覧)

災害弔慰金・災害障害見舞金の支給額

災害弔慰金	支給額
生計維持者の死亡	500万円
その他の者の死亡	250万円

災害障害見舞金	支給額
生計維持者	250万円
その他の者	125万円

(http://www.bousai.go.jp/taisaku/choui/pdf/siryo1-1.pdf, 2019年10月13日最終閲覧, より作成。)

3　条例によって定められている例

条例によって災害の被害を低減させようとする動きがありますので，紹介したいと思います。

○ 活断層を考慮した条例

わが国には，多くの活断層がありますが，こうした活断層を考慮して，建築物の設置などを行うよう条例で定めている例があるのです。

兵庫県西宮市は，阪神淡路大震災直後の 1995 年 3 月に「震災に強いまちづくり条例」（現在は「開発事業等におけるまちづくりに関する条例」に継承）を制定しました。

この条例では，大規模開発やマンション建設にあたって，建設予定地が活断層の近く（旧来は概ね 100 メートル以内の運用。現在は，新たな活断層図を作成し，その直上にあたる場所）である場合には，地質調査や第三者の意見書が求められるというものです。

こうした取組みは，2012 年に制定された「徳島県南海トラフ巨大地震等に係る震災に強い社会づくり条例」にもみられます。

徳島県の条例では，活断層付近では地震発生時の影響が大き

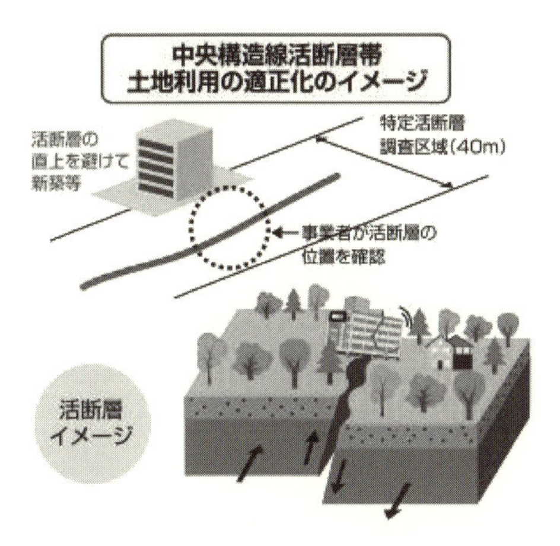

（https://anshin.pref.tokushima.jp/docs/2013082700049/，2019 年 10 月 13 日最終閲覧）

いことから，学校・病院等の公共的施設や火薬等の危険物を貯蔵する施設については，そうした区域に設置することを避けることとしています。

発電用原子炉施設に関する耐震設計審査指針等により，原子力発電所などは，活断層上の建設が禁止されていますが，その他の一般の建築物については，活断層上の土地利用に関する基準等は法律等で定められていません。

わが国の断層は発見が困難なこと，活断層上に居住している住民が多いことから，建築規制による影響が大きいとして，一般に活断層法などの制定は困難であるとされています(34)。

また，条例ではありませんが，都市計画法上の地区計画の制度を用いて，横須賀市が市内三浦半島断層群上に建築物設置が行われないよう指導，規制をしている事例があります。ここでは，大規模開発事業（事例として京急ニュータウン開発：KNT，横須賀リサーチパーク開発：YRP）について，計画段階での活断層情報の提供と，活断層上への建築物設置を避ける指導が行われました。

この事例では，市が事業者と協議を行い，最終的に活断層上への建築物の設置を避けるよう事業者が自主ルールを策定し，その後，市が地区計画によってそのルールの担保として活断層

---

(34) 目黒公郎＝大原（吉村）美保「人口減少社会における活断層対策の展望」活断層研究28号（2008年）91頁。また，活断層上の土地利用がわが国では困難であるとして，建築物の耐震・免震の基準を活断層上の建築物について強化するべきとの意見もあります（久田嘉章「活断層と建築の減災対策」活断層研究28号（2008年）86頁）。

主要活断層の評価

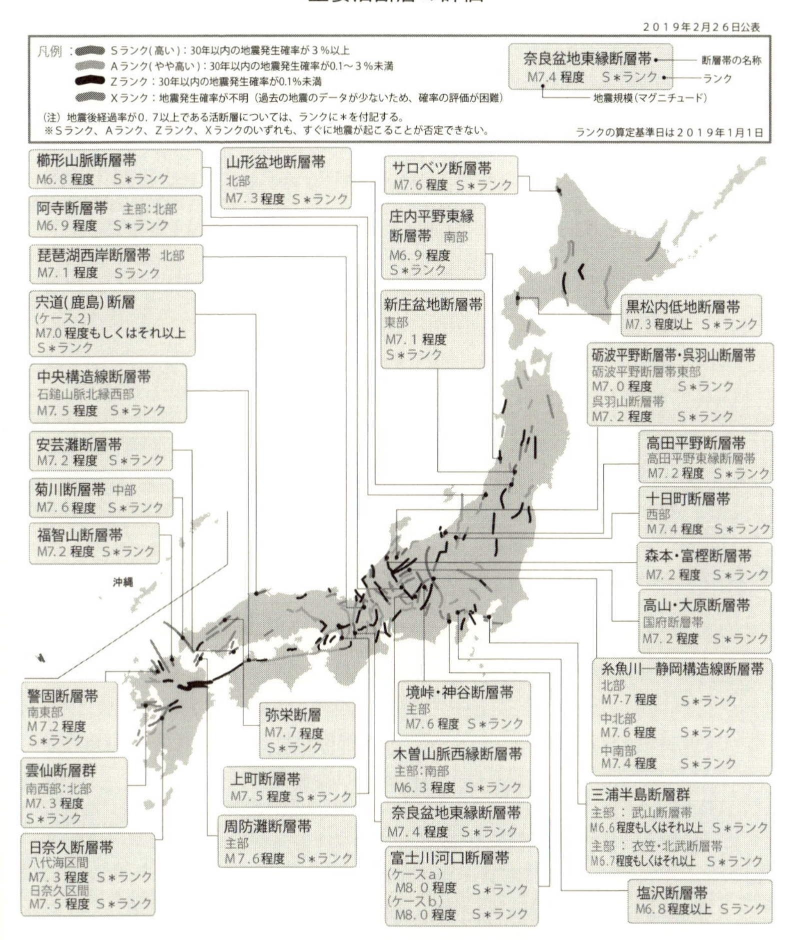

○ ランク分けに関わらず、日本ではどの場所においても、地震による強い揺れに見舞われるおそれがあります。

(https://www.jishin.go.jp/evaluation/evaluation_summary/#danso, 2019年10月13日最終閲覧)

上に建築物の設置を規制するよう定めていました。

ここでは，KNTの場合，活断層から両側25メートル（幅50メートル），YRPの場合，活断層から両側15メートル（幅30メートル）の区域で建築物設置の禁止を規定する地区計画の都市計画決定を行い，そうした規制区域は公園，駐車場，道路，空地として設定されています[35]。

活断層上に建築物の設置がなされないことについては，住民にとって一定の安心材料になりそうですね。

○ 海外での活断層を考慮した制度

このような活断層上の土地利用規制の事例は，わが国だけに存在するわけではありません。

活断層が多く存在することで知られる，アメリカ・カリフォルニア州でも活断層上の土地利用規制が行われています。

1973年に制定されたカリフォルニア州活断層法[36]（1993年に改正）では，活断層に沿って特別調査地帯（設定された活断層

(35) 横須賀市の事例について，増田聡＝村山良之「地方自治体における防災対策と都市計画――防災型土地利用規制に向けて――」地学雑誌110巻6号（2001年）988頁，損害保険料率算出機構研究部研究グループ「三浦半島断層群の地震発生可能性と活断層上の土地利用――政府による評価結果と横須賀市の取り組みの紹介――」（http://dl.ndl.go.jp/info:ndljp/pid/9958428，2019年10月13日最終閲覧）RISK No.67（2003年），照本清峰＝中林一樹「活断層情報を考慮した防災対策と住民の意識構造」地学雑誌116巻3号（2007年）526頁を参照。

(36) Alquist-Priolo Special Studies Zoning Act，1993年にAlquist-Priolo Earthquake Fault Zoning Actに改正。

の両側約200メートル）において，住居等の設置を留保させ，地質調査を行い，活断層が発見された場合には活断層から約15メートルセットバックして設置することとされました。

1993年の改正では，既知の活断層から約15メートル以内の区域で居住用建築物の設置が禁止され，改正前の特別調査地帯については，建築物設置前の地質調査が規定されています。

また特別調査地帯内の住宅等の売買に関して，必ずその建物が特別調査地帯内に位置していることの告知をするよう義務づけられています。

このように，活断層上の土地利用規制を厳格に規定する事例は，カリフォルニアにとどまらず，台湾やニュージーランド等でもみられます(37)。

○ 水害に関する条例制定の事例

滋賀県は，近時の災害の発生状況から，総合的な治水の必要性等があるとして「滋賀県流域治水の推進に関する条例」を2014年に制定しました。

ハード面での治水対策では不十分な状況(38)や近時の豪雨災

---

(37)　台湾の事例について，太田陽子＝渡辺満久＝鈴木康弘＝澤祥「1999集集地震による地震断層の位置と既存活断層との関係」地学雑誌112巻1号（2003年）18頁以下，ニュージーランドの事例について，関友作＝伊藤孝「地球科学情報の市民への広報に関する事例研究──2　ニュージーランド・ウェリントンにおける活断層・地震情報の広報」茨城大学教育学部紀要（教育科学）60号（2011年）21頁以下などを参照。

(38)　ハード面の失敗事例について，末次忠司『事例からみた　水害リスクの減災力』（鹿島出版会，2016年）21頁以下参照。

害の経験を経て，今日では，ハード面での治水対策を補完するものとして流域治水の考えも重要視されています(39)。

滋賀県条例は，「流域治水に関し，基本理念を定め，県，県民および事業者の責務を明らかにするとともに，県が行う施策の基本となる事項等を定めることにより，流域治水を総合的に推進し，もって浸水被害から県民の生命，身体および財産を保護し，将来にわたって安心して暮らすことができる安全な地域の実現に資すること」を目的として（1条），この目的を達成するための基本理念（3条），県や県民等の責務を定める（4条以下）ほか，総合的な治水対策の基本的なあり方として，「ながす対策」，「ためる対策」，「とどめる対策」，「そなえる対策」を定めています(40)。

滋賀県条例では，流域治水施策の実施にあたって，独自の浸水想定の策定，河川整備対策，貯留浸透対策，浸水警戒区域の指定や建築制限，浸水時の避難等が定められています。

滋賀県条例は，想定浸水深の設定等を7条および8条に規定し，想定浸水深の設定等に関する調査を知事が実施し，これを概ね5年ごとに想定浸水深の設定（見直し）をすることとしています。

---

(39)　三好規正「水害をめぐる国家賠償責任と流域治水に関する考察」山梨学院ロー・ジャーナル10号（2015年）136頁。

(40)　滋賀県土木交通部流域政策局流域治水政策室「滋賀県流域治水の推進に関する条例の解説（平成26年10月17日）」（https://www.pref.shiga.lg.jp/file/attachment/1020716.pdf，2019年10月13日最終閲覧））3-4頁。

浸水深と建物被害

一般の家屋では，浸水深が 50cm 未満の場合は床下浸水，50cm 以上になると床上浸水する恐れがあります。以下に，浸水深と建物の高さ関係を示します。

浸水深	浸水程度の目安
0 ～ 0.5m	床下浸水（大人の膝までつかる）
0.5 ～ 1.0m	床上浸水（大人の腰までつかる）
1.0 ～ 2.0m	1 階の軒下まで浸水する
2.0 ～ 5.0m	2 階の軒下まで浸水する
5.0m ～	2 階の屋根以上が浸水する

（http://www.river.go.jp/kawabou/reference/index05.html，2019 年 10 月 13 日最終閲覧）

浸水深と避難行動

浸水深が大きくなると，歩行や自動車の走行に支障を来たし，避難行動が困難になります。

浸水深	自動車走行
0 ～ 10cm	走行に関し，問題はない。
10 ～ 30cm	ブレーキ性能が低下し，安全な場所へ車を移動させる必要がある。
30 ～ 50cm	エンジンが停止し，車から退出を図らなければならない。
50cm ～	車が浮き，また，パワーウィンドウ付きの車では車の中に閉じ込められてしまい，車とともに流され非常に危険な状態となる。

（http://www.river.go.jp/kawabou/reference/index05.html，2019 年 10 月 13 日最終閲覧）

また，河川の整備等の実施，雨水貯留浸透対策として，森林の所有者や農地所有者等が所有地の雨水貯留浸透機能の確保に努めること，公園，運動場等の管理者等および建物等の管理者等が当該施設等の雨水貯留浸透機能の確保等に努めることが規定されています。

そして，滋賀県条例では，浸水等の被害を受ける可能性がある地域を指定し，建築制限等を定めています[41]。

ここでは，200年に一度の降雨という，最大規模の（浸水）災害を想定し，この場合に想定浸水深が3メートルを越える地域を浸水警戒区域に指定し，この浸水警戒区域は，建築基準法39条1項[42]の規定による災害危険区域とされ，建築制限がなされます。

建築制限としては，浸水警戒区域内の住居や学校等[43]につ

(41)　条例に基づく浸水警戒区域（災害危険区域）の指定は，2017年6月16日に米原市村井田地区においてなされました。2019年4月1日現在，条例に基づき浸水警戒区域に指定されている地域には，このほかに甲賀市信楽町黄瀬地区（2018年11月26日付），があります。

(42)　建築基準法39条1項では，災害危険区域の設定を条例により行うことができると定められています。

「地方公共団体は，条例で，津波，高潮，出水等による危険の著しい区域を災害危険区域として指定することができる」。

(43)　ここでの規制の対象となる建築物は，①老人福祉施設（老人介護支援センターを除く。），有料老人ホーム，認知症対応型老人共同生活援助事業の用に供する施設，身体障害者社会参加支援施設，障害者支援施設，地域活動支援センター，福祉ホーム，障害福祉サービス事業（生活介護，短期入所，自立訓練，就労移行支援，就労継続支援または共同生活援助を行う事業に限る。）の用に供する施設，

いて建築の許可を要することとしています。また，既にある建築物について増改築する場合には，その増改築部分に関する許可を得るものとしています。

ここでの建築規制は，想定される最大規模の洪水が発生した際に，人命を守ることが困難となる地域・建築物がないようにするもので，県民の生命，身体，財産の保護を掲げる滋賀県条例の目的を実現するために行われています。

次のページの図のように盛土などを行うことで，避難する空間を設けることができるように規制をしています。

このような出水災害，浸水被害に対する建築規制としては，名古屋市（「名古屋市臨海部防災区域建築条例」[44]）や宮崎市（「宮崎市災害危険区域に関する条例」[45]）の事例などもあります。

保護施設（医療保護施設および宿所提供施設を除く。），児童福祉施設（母子生活支援施設，児童厚生施設，児童自立支援施設および児童家庭支援センターを除く。），障害児通所支援事業（児童発達支援または放課後等デイサービスを行う事業に限る。）の用に供する施設，子育て短期支援事業の用に供する施設，一時預かり事業の用に供する施設，母子健康センター（妊婦，産婦またはじょく婦の収容施設があるものに限る。）その他これらに類する施設，②特別支援学校および幼稚園，③病院，診療所（患者の収容施設があるものに限る。）および助産所（妊婦，産婦またはじょく婦の収容施設があるものに限る。）とされています（「滋賀県流域治水の推進に関する条例の解説（平成 26 年 10 月 17 日）」42 頁，滋賀県条例施行規則 7 条）。

(44) 名古屋市ウェブサイト「臨海部防災区域建築条例について」（http://www.city.nagoya.jp/jigyou/category/39-6-3-2-6-0-0-0-0-0.html，2019 年 10 月 13 日最終閲覧）参照。

(45) 宮崎市ウェブサイト「宮崎市災害危険区域の指定について」

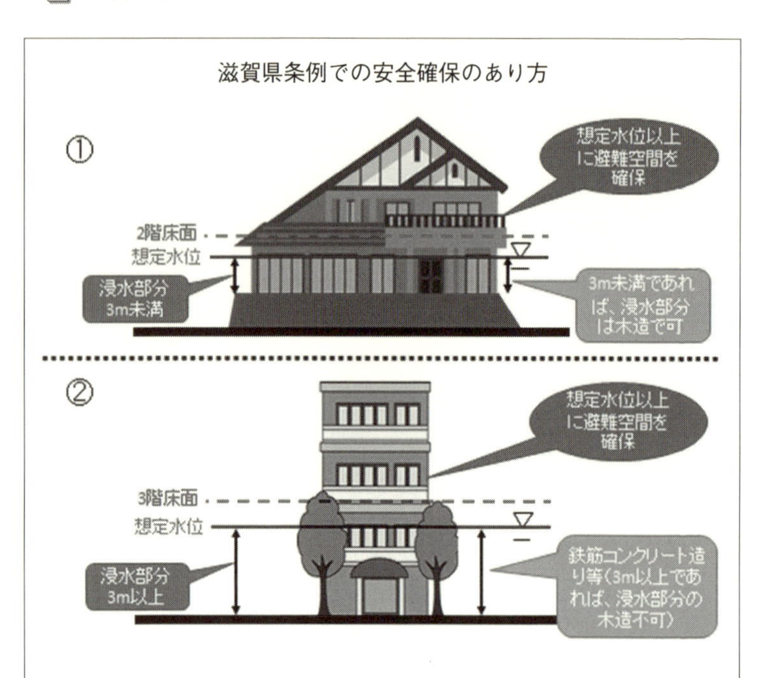

① 盛土等により，想定水位以上に居室の床面（または避難上有効な屋上）を確保し，かつ，建築物の地盤面から想定水位までの高低差が３ｍ未満とすること。

② 盛土等により，想定水位以上に居室の床面（または避難上有効な屋上）を確保し，想定水位以下の構造を鉄筋コンクリート造または鉄骨造とすること。

「滋賀県流域治水の推進に関する条例の解説（平成26年10月17日）」50頁

（http://www.city.miyazaki.miyazaki.jp/life/house/dwelling/1719.html，2019年10月13日最終閲覧）参照。

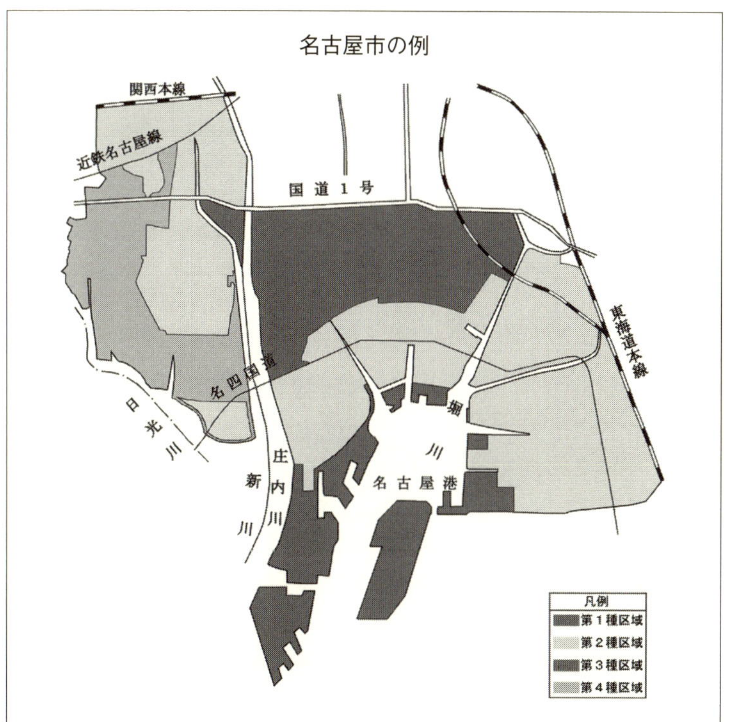

例えば，第1種区域では，木造建築が禁止され，1階床面の高さが名古屋港基準面＋4メートル以上の制限があります。

滋賀県条例では，浸水災害時の県民の責務として，「県民は，浸水被害を回避し，または軽減するため，日常生活において，避難場所および避難の経路，家族等との連絡方法その他浸水が発生した際にとるべき行動を確認するよう努めなければならない」(28条1項)，「県民は，浸水被害が発生するおそれがある場合において，河川の水位等に関する情報および避難の勧告等に関する情報に留意するとともに，状況に応じて的確に避難するよう努めなければならない」（28条2項）との規定が設けられています。

つまり，住民に対して，日頃から浸水被害発生への「そなえ」を行うとともに，河川等の氾濫によって浸水被害が発生または発生の可能性がある場合には，情報収集をし，状況に応じた避難行動を求めているのです。

一般に，自らの意思に基づいて避難行動の要否を判断し，避難行動を行うかどうかについて最終的な判断に関する責任は，住民一人ひとりに存在するものとされています。

「避難勧告等に関するガイドライン①（避難行動・情報伝達編）（平成31年3月）」でも，そうした住民による避難行動の原則について記述があります。

滋賀県条例は，こうした原則を前提として，住民らに避難に関する備えと災害時の的確な避難行動を促すもので，この規定によって住民に不利益が生じるというものではありません。

一方で，滋賀県条例のように住民に対して明示的に努力義務を求める以上は，行政にはその前提として，適切な避難情報の提供のほか，教育・訓練等の実施を行う必要もあるでしょう。

さらに，滋賀県条例は，宅建業者が土地，建物等の売買等に関して，地域の浸水等に関する情報提供に関する努力義務を課しています。

浸水警戒区域については，建築基準法39条1項の規定による災害危険区域として指定されることから，宅建業法上の重要事項説明が必要となりますが，その指定の前や，指定されていなくとも危険性のある地域（指定の要件を満たしていないだけで，洪水が発生した場合には，滋賀県条例によって災害危険区域として指定される浸水警戒区域と同等程度の被害の可能性がある地域など）等についても，情報提供を求めるものです。

最近ではインターネットを通じて各地のハザードマップが確認できますので，引っ越し先を決める前にハザードマップ等でその土地の安全性を確認する人もいるでしょう。

私自身，2019年の春に引っ越しをする際には，ハザードマップを確認し，「想定浸水の2倍以上の洪水や津波などであっても影響がない場所」などを選定基準として引っ越し先を選びました。

しかし，そのような人ばかりではないと思います。

土砂災害防止法に基づく，土砂災害警戒区域の情報などは賃貸借を含む不動産取引の際に説明がありますが，洪水等の情報提供は基本的にありません。

滋賀県条例のような情報提供のあり方は，不動産事業者の協力が前提ではありますが，引っ越し先を選ぶ人にとっては，そうした地域を避けること，そうした地域に住む以上，別途防災について考える機会を与えるもので，意義のあるものではないでしょうか。

Ⅲ 水害に関する様々な事件

1 水害に対してどのような対策をする？

水害に対してどのような対策が求められるのでしょうか。

水害対策は，ダムの建設や堤防の設置等により行われることもあります。しかし，どの程度の災害を想定し，どの程度の規模の対策を講じるべきでしょうか。

もちろん，財政が潤っており，水害対策が最優先事項であれば，最大規模の想定をし，巨大な堤防等を築くこともできるでしょう。

水害に関する裁判では，どのように判断されているか見ていきましょう。

伊勢湾台風訴訟では，「堤防の設置または管理に瑕疵があるとは，堤防の築造およびその後の維持，修繕，保管作用に不完全な点があつて，堤防が通常備えるべき安全性を欠いている状態にあることを意味するが，……そもそも国または公共団体が堤防を設置してこれを管理する目的は，堤防によつて国土を保全し住民の生命財産等を保護するにあるのであるから，堤防は右目的を達成するに足るだけの安全性を保有する構造を持たなければならず，したがつて通常発生することが予想される高潮等の襲来に対してはこれに堪え得るものでなければならない」とされています(46)。

---

(46) 伊勢湾台風訴訟・名古屋地裁判決昭和37年10月12日下級裁判所民事裁判例集13巻10号2059頁。

ここでは災害に対して通常備えるべき安全性を保持しなければならないとされ，その意味において適切なリスク管理がなされる必要があるといえるでしょう。

また，大東水害訴訟では，「我が国における治水事業の進展等により前示のような河川管理の特質に由来する財政的，技術的及び社会的諸制約が解消した段階においてはともかく，これらの諸制約によつていまだ通常予測される災害に対応する安全性を備えるに至つていない現段階においては，当該河川の管理についての瑕疵の有無は，過去に発生した水害の規模，発生の頻度，発生原因，被害の性質，降雨状況，流域の地形その他の自然的条件，土地の利用状況その他の社会的条件，改修を要する緊急性の有無及びその程度等諸般の事情を総合的に考慮し，前記諸制約のもとでの同種・同規模の河川の管理の一般水準及び社会通念に照らして是認しうる安全性を備えていると認められるかどうかを基準として判断すべきであると解するのが相当である」とされています(47)。

これらは，同じ趣旨のものと思われますが，堤防の安全性について，各種事情の総合考慮に基づくものとされつつも，「通常有すべき安全性」などとして，想定外の水害については考慮しないことを前提としています。

そうすると，発生頻度として，100年に一度，200年に一度，1000年に一度……どのようなものを想定して対策を講じるかも重要になるでしょう。

---

(47) 大東水害訴訟上告審・最高裁判所第一小法廷判決昭和59年1月26日最高裁判所民事判例集38巻2号53頁。

東京などの都市部では，一度水害が発生すると，被害が大きくなることから，最大規模の水害に対して対策を講じることも必要になるかもしれません。しかし，地方では，巨額の費用をかけて堤防等を設置するよりも，生命を守る対策を第一に講じることとして，水害後に新たに住宅・都市の再建をすることも一つの考え方かもしれません。

スーパー堤防整備事業に関して

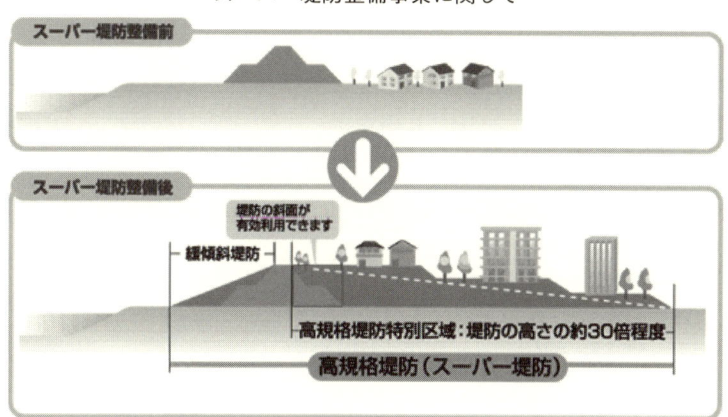

（https://www.kkr.mlit.go.jp/yodogawa/activity/maintenance/super/index.html，2019年10月13日最終閲覧）

江戸川区のように，域内のほぼ全域が浸水するような地域では，堤防等の対策では不十分というべきかもしれません。

それ以外にも，海抜ゼロメートルとされる地域での対策については，堤防等以外の方法を検討する必要があるでしょう。

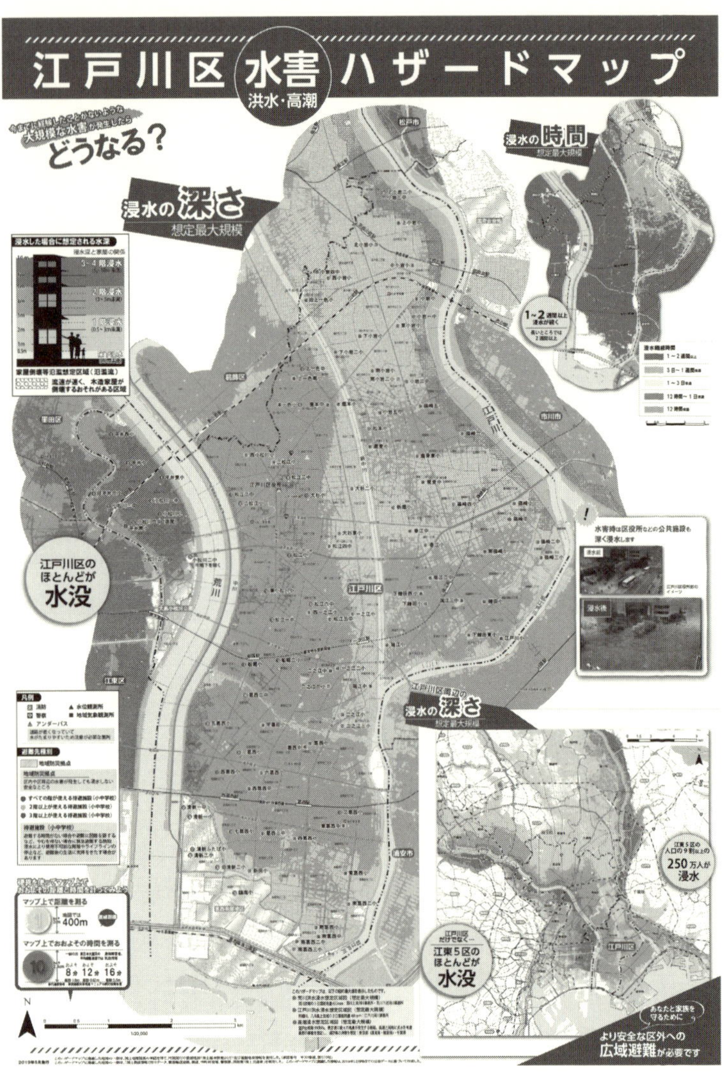

（https://www.city.edogawa.tokyo.jp/e007/bosaianzen/bosai/kojo/kanrenmap/n_hazardmap.html，2019年10月13日最終閲覧）

2　避難勧告に従えば大丈夫？

2009年8月に台風9号の影響による佐用町集中豪雨は，その記録的な大雨によって浸水災害等を生じさせ，佐用町内で20名の住民が死亡するという大きな被害をもたらしました。

豪雨時，避難をする途中に河川に流され死亡したものと見られる住民らの遺族が，佐用町が避難勧告の発令を適切に行わなかったために住民らが死亡したとして，裁判を起こしました（神戸地方裁判所姫路支部判決平成25年4月24日判例地方自治372号40頁[48]）。

裁判所は，避難勧告の発令等による責任発生の根拠について，「災害対策基本法60条1項は，「災害が発生し，又は発生するおそれがある場合において，人の生命又は身体を災害から保護し，その他災害の拡大を防止するため特に必要があると認めるときは，市町村長は，必要と認める地域の居住者，滞在者その他の者に対し，避難のための立退きを勧告……することができる。」と規定して，市町村長に対し，必要に応じて，住民等に対して避難のための立退きを勧告する権限を与えている。そして，避難勧告は，この権限に基づいて市町村長によって発令されるものである」が，避難勧告は，「地方自治体がその対象地域の住民等に対し，避難行動をとることを強制するものではなく，住民が当該勧告を尊重することを期待して避難の立退きを

(48)　村中洋介「地方公共団体の発する避難勧告の適法性――佐用町集中豪雨事件を事例に［神戸地裁姫路支部判決平成25年4月24日（判例地方自治372号40頁）］――」自治体学：自治体学会誌28巻2号（2015年）29頁以下参照。

勧め，又は促すものであるから，住民らは，任意の判断により，避難するかどうかを決定することができる。また，住民に対する危険の程度，状況は，個別性が強いものであるから，避難するかどうかそのものが，最終的には，個人の判断に委ねられるともいえるものである。したがって，避難勧告は，法的拘束力を有するものではないから，対象者に対し，原則として不利益を課することになる行政処分にみられるような処分性を認めることはできない」として，避難勧告が行政指導として法的拘束力を有しないものであるとしました。

避難勧告等は，強制力・法的拘束力のないものといわれますが，これは，住民が任意に自己の判断によって従うかどうかを判断する行政指導として性質から，そのように判断されてきました。

この点に関連して，避難勧告と避難指示の関係については，避難勧告が，行政指導である一方で，避難指示は，避難勧告よりも法的拘束力が強いものであるが，避難勧告と同じく具体的な直接強制が行われているわけではない，とするものがあります[49]。

また，「自己決定という視点からいえば，そもそも避難勧告については個人を強制する必要はない。自己決定の材料として災害に関する情報を提供すればよいことである。そうなると，『勧告』と『指示』の違いは，リスク度の違いにすぎない」[50]

(49) 荏原明則「避難勧告と避難指示」法学教室242号（2000年）2頁。
(50) 山崎栄一「日本における防災政策と基本権保護義務」（大分大学

とするものもあります。

ただし，裁判所は，避難勧告等は行政指導に該当するもので，法的拘束力は有しないことを前提としています。その上で，佐用町の事例では，「市町村長による避難勧告の発令は，助成的・受益的行政指導の面を有する一方で，その対象となった地区住民らに対し，避難のために自宅等から立ち退き，別の場所にある避難場所へと移動する等という具体的な行動をすることを，任意であれ，求めるものである以上，これが住民等に与える影響・不利益は，決して小さなものではな」く，「違法性の判断においても，処分行為と異なる判断をすべき理由はない」として，住民らに対して発せられる避難勧告等が国家賠償訴訟の対象となることを示しました。

避難勧告が行政指導である点を考慮すると，これが国家賠償の対象として避難勧告の違法性が認められるものか議論があるでしょう。

行政指導が国家賠償法のいうところの公権力の行使に含まれるとする広義説が判例・通説とされます[(51)]。しかし，避難勧告の発令等に関しては，発令の基準を充たしている場合であっても，最終的には市町村長の裁量によって発令されるもので，避難勧告の不発令の違法を問う場合には，避難勧告の発令という作為義務が存在しているかどうか問題となります。

大学院福祉社会科学研究科）紀要４号（2005年）58頁。

(51)　西埜章『国家補償法概説』（勁草書房，2008年）35頁。

最高裁判所の立場からすると，「その許容される限度を逸脱して著しく合理性を欠くと認められるとき」に違法となるとされますが[52]，裁量権収縮論という考え方からすると，行政庁に裁量権を認めながらも，具体的状況との関係で国民の被害発生の危険性が高くなるにつれて，裁量の幅が狭まるとされます[53]。

作為義務の成立要件が，「被害法益が生命・身体・健康である場合には，要件を緩和すべきであるとの見解が有力である」[54]とされるのならば，避難勧告が住民の生命，財産等に直接関わる事項として，行政の作為義務の成立要件が緩和される可能性もあるでしょう。

その上で裁判所は，「災害対策基本法は，……常に避難勧告を発令すべき旨を市町村長に義務付けているものではなく，市町村長の裁量において避難勧告を発令するかどうかを決定する権限を与えたもの」であり，避難勧告発令の判断は，「市町村長の専門的判断に基づく合理的裁量に委ね」られていて，避難勧告権限の不行使の判断は，「具体的事情の下において，市町村長に……権限が付与された趣旨・目的に照らし，その不行使が著しく不合理と認められる時でない限り，違法と評価されることはない」との避難勧告発令等の違法性判断基準を示しました。

---

(52)　北村和生・佐伯彰洋・佐藤英世・高橋明男『行政法の基本〔第5版〕』（法律文化社，2014年）228頁。
(53)　西埜章『国家補償法概説』（勁草書房，2008年）61頁。
(54)　西埜章『国家補償法概説』（勁草書房，2008年）63頁。

これに照らして，佐用町長に「裁量権を逸脱する権限不行使又は行使があったということはでき」ず，損害賠償責任は認められないと判断をしました。

佐用町の事例からすると，被災者の避難と避難勧告の発令等の因果関係の証明が困難であっても，当時の豪雨災害の状況を佐用町が定めていた避難勧告の発令基準と照らした場合に，当時の河川の水位や降水状況からそれが明らかに避難勧告の発令基準を充たし，かつ避難勧告を発しないことについての合理的な理由が存在しないのであれば，避難勧告を発令しなかったことについての国家賠償が認められる可能性があるというべきでしょう。

つまり，違法または不十分な避難勧告の発令等と因果関係を有する住民の避難行動によって，住民らの生命，財産等への影響が生じた場合には，国家賠償が認められるものと考えられます(55)。

地方公共団体の発する避難勧告や直接確認できる予兆現象の情報（崖崩れ等）が，住民の避難行動に結びつくものであって，ニュース等で得ることができる降水量の情報では，住民が危険性を理解することは難しいとする報告もあります(56)。

(55)　避難勧告と避難指示を分けて，避難勧告については，「損害賠償等は原則的に考えられない」とするものもありますが（荏原明則「避難勧告と避難指示」法教 242 号（2000 年）3 頁），事例によっては避難勧告についての損害賠償が認められる余地があるでしょう。

(56)　奥村誠＝塚井誠人＝下荒磯司「避難勧告への信頼度と避難行動」土木計画学研究・論文集 18 巻 2 号（2001 年）315 頁。

地方公共団体が災害時に発する避難勧告等は，直接住民の避難行動に結びつくものとして，住民の生命，財産を守るための役割は大きいものであると考えられます。

しかし，避難勧告等といっても，どのようなかたちで避難に関する情報提供を行うかも考えていかなければならないでしょう。

災害対策基本法の2013年の改正で，屋内待避についての規定が設けられましたが，佐用町の事件では，災害対策基本法の「立退き」に「垂直避難」（屋内待避と同義）が含まれるのではないか，として垂直避難の避難勧告を発令しなかったことの違法性が争われました。

結論として，裁判所は，「垂直避難を選択するのは市町村長の裁量」と判断しました。

今日では，屋内待避についての定めが設けられていますので，市町村長は，避難勧告に際して，屋外への避難を前提としない避難の呼びかけをする必要があるということになります。

住民は，災害や避難行動について十分な知識を有しているとはいえません。屋内待避の指示についても一定の基準を定めるとともに，屋内待避の指示が住民に的確に伝わるよう，事前に備えておくことも大切でしょう。

3　学校にいれば安全？

学校は，災害時の避難場所としての役割を有することがあります。私たち住民は，「学校であれば安心」という気持ちを少なからず持っているかもしれません。

東日本大震災において，子どもたち，地域住民が避難場所である学校で被災するということがありました。

裁判の事例がありますので，簡単に紹介しておきたいと思います。

○ 野蒜(のびる)小学校訴訟

東松島市野蒜地区にある野蒜小学校は，沿岸部から1.3キロメートル内陸に位置しており，東日本大震災当時，災害時の避難場所に指定されている防災上重要な施設[57]とされていました。

ここに，避難をしてきた周辺住民や児童が津波によって死亡しましたが，ここで死亡した児童は当時９歳の女の子で，保護者ではなく同級生の保護者に引き渡され，自宅において被災し亡くなりました（自宅には当時高校３年生の従兄がいましたが，保護者はいませんでした）。

裁判所は，この，女の子については，当時９歳で判断能力は十分ではなく，「責任をもって安全を確保する保護者等の判断に基づいて行動するのでなければ，適切な避難行動をとること

---

(57)　災害対策基本法７条１項に定める施設。
「地方公共団体の区域内の公共的団体，防災上重要な施設の管理者その他法令の規定による防災に関する責務を有する者は，基本理念にのっとり，法令又は地域防災計画の定めるところにより，誠実にその責務を果たさなければならない。」

が難し」いことから，災害時児童引取制度がある中で，「災害時児童引取責任者として登録されていない者であっても，その者に引き渡すことが保護者の意に適うことが確認できたとか，その者に引き渡す方が，本件小学校において保護を継続するよりも安全であることが明らかであるといった特段の事情がない限り，災害時児童引取責任者以外の者」（下線部筆者）に児童を引き渡してはならず，学校が保護する責任を負っていたとし，学校の過失を認めました。

一方で，周辺住民については，学校が「避難した住民に対する応急の救護に協力する責務を負っていた」としても，住民は「自己の責任において自ら適切な避難行動をとり得る」者で，「学校施設内に児童らが存する場合においては，児童らに対する安全確保義務に加えて，当該施設の管理者の地位にあることから当然に避難者らを誘導する義務まで負っていたと解することは相当でない」（下線部筆者）としました(58)。

ただし，学校の避難場所としての性質からすると，学校管理者には，避難してきた人に対して一定程度の責務があると考えられます(59)。

---

(58) 野蒜小学校津波訴訟控訴審判決・仙台高等裁判所判決平成29年4月27日裁判所ウェブサイト。

(59) 校長の責務として，野蒜小学校訴訟一審判決（仙台地方裁判所判決平成28年3月24日判例時報2321号65頁）は，「①防災業務を行うこと，②災害に関する情報を迅速かつ適切に収集及び伝達すること，③当時の一般的な知見等に照らして避難者らの生命又は身体に対する有害な結果を予見すること，④その結果を回避するための

では，こうした「避難場所とされている学校」は，災害に対して安全なのでしょうか。

私の勤める大学で，先日避難訓練が行われました。

ここで，「大学」は避難場所には指定されていないため，大学の屋上や校舎内，広場に避難するのではなく，道路を挟んだ場所にある小学校のグランドに避難をするように指示がありました。

確かに小学校のグランドは，避難場所（災害対策基本法にいう指定緊急避難場所）に指定されています。

今回の避難訓練は，地震が発生した想定で行われ，学内で火災が発生したものの，消火が完了した後に避難するというものでした。そうすると，「津波」との関係からすると，あえて低い場所に避難をする行動が正しいのか，そもそも指定されている小学校は，安全なのかという疑問を持ちました。

また，大学の立地する地域は，平地で河川もすぐ隣にあるため，洪水時の，浸水予想域に含まれていますが，大雨等の場合の避難所にも，大学向いの小学校が指定されています。

東日本大震災やその後の災害を経た後でもこうした地域は全国に多数存在すると思います。

例えば，学校と活断層の関係についての調査では，全国

適切な措置を採ること，という内容の法的義務を負う」としています（岩本浩史「東日本大震災における津波被害について，市立小学校の校長の過失が一部認められた事例」速報判例解説 vol.19（法学セミナー増刊）55 頁（2016 年））。

43360の学校施設（小・中・高校，高専，短大，大学と養護学校を含む）と活断層の位置関係について調査をし，活断層（明確な活断層に推定される活断層を加えたもの）から200メートル以内に存在する施設が1500，その中でも極めて活断層に近い活断層から50メートル以内に存在する施設が571，活断層直上に存在する施設も225とされています[60]。

2003年の研究ですので，少し古い調査になるでしょうが，学校の場所は，頻繁に変わるものではありませんので，統廃合した学校施設以外は，今でも活断層の近くに立地しているということになるでしょう。

このように，「学校」だからといって，安全な場所にあるということはできません。前に示した，江戸川区のように，区内のほとんどが洪水時には大規模な浸水に見舞われることが予測される地域などは，「学校」も含めて，危険地帯に存在しているといえます。

しかし，山地が多く，国土面積も人口に対して決して広くないわが国では，危険と隣り合わせの地域は多く存在しますし，そうした地域であっても，人が居住していれば，学校や病院等の施設の需要も増えますので，危険のある土地だから，学校を建ててはいけないとはいえません。

ただし，今後新設，改築される学校等については，災害に応

---

(60)　中田高・隈元崇「活断層位置情報からみた土地利用の問題点と『活断層法』について──活断層詳細デジタルマップの活用例(1)学校施設と活断層──」活断層研究23（2003年）15頁，第1表「断層線直上，または200メートル以内に位置する学校施設の数」。

じて適切な避難が可能な構造（洪水等で浸水する場所であれば，床面を高く設計する，屋上へ避難できる構造にするなど）にする必要もあるでしょう。

○ 大川小学校訴訟

大川小学校訴訟では，ハザードマップに関連して次のような判断を示しています[61]。

「大川小の立地条件，特に，大川小が，広大な水域面積を有する北上川の感潮区域と約200 mの距離を隔てて隣り合っており，北上川の感潮区域と大川小の敷地とを隔てるものは，北上川の右岸堤防の存在のみであったことに照らせば，本件ハザードマップ中の洪水・土砂災害ハザードマップには，想定される浸水があった場合，大川小は避難場所として使用不可能であることが記されていたのに，本件津波ハザードマップ中には避難場所として使用可能と記載されていたことは，矛盾するものといえる」。

「……教師は，児童生徒の安全を確保するために，当該学校の設置者から提供される情報等についても，独自の立場からこれを批判的に検討することが要請される場合もあるのであって，本件ハザードマップについては，これが児童生徒の安全に直接かかわるものであるから，独自の立場からその信頼性等について検討することが要請されていたというべきである。したがって，本件ハザードマップ中に，本件想定地震による津波が発生

(61)　大川小学校津波訴訟控訴審判決・仙台高等裁判所判決平成30年4月26日判例時報2387号31頁。

した場合の避難場所として大川小が使用可能であることが記されていたことをもって，校長等が本件地震発生前に大川小が本件想定地震により発生する津波による被害を受けることを予見することが不可能であったことの根拠とすることはできない」。

ここでは，行政の作成したハザードマップであっても，それを根拠として避難場所の「安全性」が担保されるわけではなく，「学校」が独自に災害の危険性について検討するべきであるとしました。

東日本大震災では，災害ごとの避難場所が指定されていなかったことが被害拡大の一因となったともされており（内閣府「平成27年版防災白書」），2014年4月施行の改正災害対策基本法では，49条の4で，災害の種類ごとに避難場所の指定をすることが求められるなど，災害に応じた避難場所の設定は，求められるべき行政の対応であったともいえます。

その意味では，判決がいうように，洪水ハザードマップと津波ハザードマップの避難場所の矛盾という指摘はあたらないでしょう。

一方で，津波による危険性を学校が，ハザードマップによって判断するだけで許されるのか，児童生徒の命を守るという観点からは疑問であるとの指摘もあります(62)。

一般論としては，ハザードマップを信頼して行動しても良い

---

(62)　石田良文「大川小学校に係る津波訴訟高裁判決について」近代消防695号（2018年）69頁。

かもしれませんが，子どもたちを守る立場にある教員としての姿勢は，それでは不十分であるということかもしれません。

また，大川小学校訴訟一審判決(63)では，「地域住民は，原則として自らの責任の下に避難の要否や方法を判断すべきものであり，教員は同住民に対する責任を負わない」ことから，児童の安全を最優先すべきであるとしました。

確かに，児童に対する安全確保義務等を前提とする際，避難してきた住民との関係に関わらず，学校・教員は，児童の安全を最優先すべき義務を有することに異論はないでしょう。

学校などの避難場所からさらに避難するというような場合には，周辺住民は自己の判断によって避難行動をとることを前提とするのは当然といえるかもしれません。

一方で，学校側が，避難場所としての機能を有するにもかかわらず，避難してきた周辺住民に対して，一切の責任を有さないとするべきでしょうか。

児童・生徒に対する責任と同視しなくとも，障害者や高齢者を含む避難行動要支援者への対応も考えると，学校側が，一律に周辺住民などへの避難に対する責務を負わないとすることは適切とはいえないでしょう。

大川小学校訴訟については，2019年10月10日付で最高裁判所への上告が棄却され，高等裁判所の判断が支持されました。

学校が事前防災として，幅広い知識・経験を踏まえて，子ど

---

(63)　仙台地方裁判所判決平成28年3月24日判例時報2321号65頁。

もたちを守る対策をすることが求められるといえるでしょう。今後，これまでに経験のない災害に見舞われることがあるかもしれません。それに「そなえる」ためにも，ここで示した過去の裁判例を通じて，防災について考えてみてください。

Ⅳ 水害に備えるため・水害に遭ったとき

1 どのように備える？

水害に関連する法律は，災害対策基本法以外にも河川法や水防法，大雨などに起因する土砂災害に関する土砂災害防止法などがあります。

河川法は，災害防止のための管理等を目的としており，例えば堤防付近の開発行為により，水害が発生することを防ぐため，利用制限が設けられています。

河川法で制限される行為

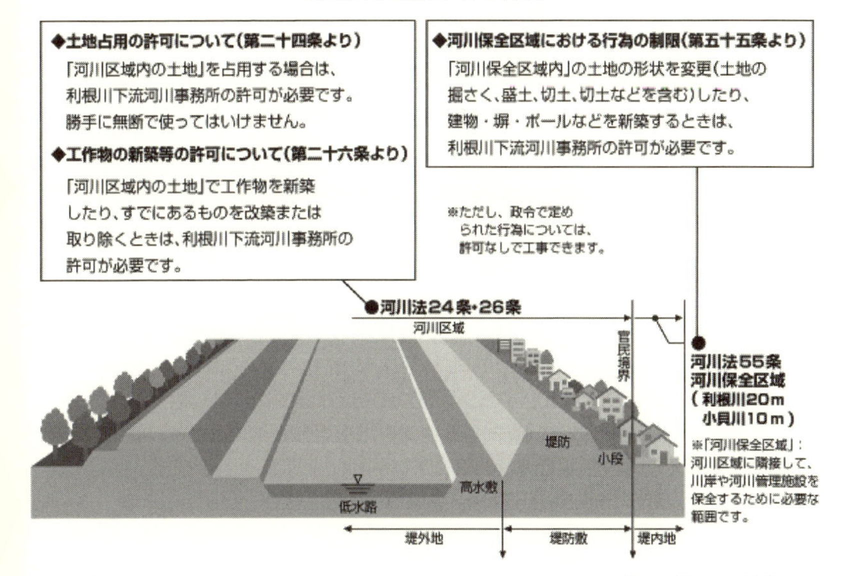

（http://www.ktr.mlit.go.jp/tonege/tonege00076.html，2019 年 10 月 13 日最終閲覧）

水防法は，水害による被害を低減することを目的に定められています。

ここでは，水防団などを設置し，河川の巡視を行い，氾濫等の状況を確認，避難に関する措置をするなどのほか，気象庁による洪水予報や管理河川についての水位に関する通知などの規定が設けられています。

今日では，インターネットを通じて河川の水位が状況を確認することができるようになっています（国土交通省の川の防災情報：https://www.river.go.jp/portal/#80，2019年10月13日最終閲覧）。ただし，ここでは，中小の河川や側溝，用水路等の状況を網羅的に確認できるわけではありません。

Ⅱで紹介した，滋賀県の条例の事例では，浸水警戒区域の集落の水路に水位を確認できるカメラを設置しています。

水害発生のメカニズム　　外水による浸水の発生

雨の量が下水道などの排水施設の能力を超えるときや、河川などの排水先の水位が高くなったときに雨水を排水できなくなり、浸水することです。
近年、都市化の進展により内水による浸水の危険性が高まっています。

大雨によって河川などの水位が高くなることで堤防を越えて水があふれたり、堤防の土砂が流出して決壊したりすることです。
洪水（外水氾濫）は、家屋の倒壊や流出など、大規模な被害を引き起こすことがあります。

（http://www.city.sendai.jp/gesuido-kekaku/kurashi/machi/lifeline/gesuido/gesuido/gaiyo/shinsui/naisui.html，2019年10月13日最終閲覧）

米原市　村居田地区における監視カメラ設置状況（左）
　　　　カメラによって，水路の状況が確認できます（右）

このカメラの映像は，住民が携帯電話等でリアルタイムに確認することができるとされており，こうした取組みが潜在的に水害のリスクのある各地域で行われると良いかもしれませんね。

また村居田地区では，指定避難場所である小学校まで２キロ以上の距離があるため，集落内のお寺などを水害時の地域住民の避難場所として，どの住民がどこに避難するという情報を事前に共有し，避難が必要になった場合の支援等に役立てています。

こうした地域内での付き合いがある地域に住んでいる人は，是非，地域内での避難のあり方や避難が必要になった場合に支援の必要な人の確認などについて，周囲の人と話し合ってみてはいかがでしょうか。

若くて元気だから関係ないという人もいるかもしれません。しかし，自分がけがをして移動が困難な時，風邪などで体調を崩している時に災害が発生しても適切な避難が可能でしょうか。

災害は，どのような時に発生するかわかりません。水害のようにある程度，直前の予測が可能な災害であるが故に，「その時になって行動しよう」という人も多いかもしれません。

自らの体力等や状況について過信することなく，事前にできる備えはなんでもやってみることが望ましいでしょう。

避難が必要になった場合には，気象警報のほか，避難勧告等が発令されることがあります。

しかし，この避難については，災害が発生してからでは，生命を守るという意味で，「遅い」という場合があります。早めに避難行動をとるために，自分なりの対応を考えておくと良いでしょう。

例えば，「大雨警報が発令されて，2時間経ったが雨が止みそうにない場合」，自宅近くの河川が氾濫する可能性がある人などは，避難場所等に避難することも考えられますし，自宅の2階以上に待避することも考えられるでしょう。

行政からの情報提供を待つのではなく，自ら行動できるようにすることも大切です。

一方で，最近の災害では，行政が早めの情報提供，避難の呼びかけを行うことがあります。また，市内全域等を対象とする避難勧告等,避難の呼びかけをすることもあります。「避難の呼びかけが遅い!」といった批判を回避する狙いがあるのかもしれませんが,自分に危険が迫っているのか分からない,避難場所の収容量を超えて避難者があふれるといったことも考えられます。

行政は,市民とともに,災害時の適切な避難の呼びかけのあり方を検討していく必要があるでしょう。

2019年7月4日の「NHKクローズアップ現代+」では,「記録的大雨 “全市避難”で何が起きたのか」をテーマに,避難の呼びかけによる混乱が特集されました(64)。行政の人手不足等の課題もあるかもしれませんが,様々な事象に事前に備えることで少しでも混乱を抑えることができるように取組むことが必要であると思います。

○ 2019年台風19号と「そなえ」

2019年10月の台風19号では,多くの都県で河川が氾濫し,浸水被害が発生しました。長野県の千曲川,埼玉県の越辺川,福島県・宮城県の阿武隈川などの広範囲で大規模な浸水もありました。この台風19号では,台風の上陸や影響が夜にかけて続いたこともあり,避難所への避難が難しいという状況もあったでしょう。また,大規模な浸水被害が発生するような場合は,避難する場所の確保も課題となります。

今回の台風で浸水した地域は,洪水ハザードマップにおいて,

---

(64)　https://www.nhk.or.jp/gendai/articles/4304/index.html,2019年10月13日最終閲覧。

浸水が予測されていた地域と重なりますので，滋賀県の事例のように，地域の中での安全な場所を事前に考える・確保することも重要なことでしょう。

台風 19 号では，一時，影響のある地域の 1000 万人以上に避難勧告等の情報が出されました。しかし，行政による避難所の確保や海抜ゼロメートル地域の避難などについては，広域の避難を行うといった課題があるでしょう。こうした課題について，行政は十分な制度を整備できていない状況があります。

大規模な水害に備えて，この課題を克服できるような制度設計が必要になるでしょう。

洪水ハザードマップにおいて，浸水が予測されている地域に多くの人が居住することは，国土の狭いわが国ではやむを得ません。しかし，今後，堤防やダムなどの整備だけでは防げない大規模な水害が発生する可能性があります。

そうした場合には，皆さん自身が，避難のための準備をする・いざという時には避難行動をする，といった「そなえる」ことが重要になります。

また，台風 19 号では，高齢者施設や病院などの浸水もあり，そうした自力で避難をすることが容易でない災害弱者をどのように守るかという点についても改めて考えていく必要があるでしょう。

2　どのように避難する？

いざ，避難が必要となった場合には，どのように避難すれば良いでしょうか。

前に述べたように，避難行動に関するガイドラインでは，避難行動は，各自の判断で行うことが基本とされています。

そのような中で，国民に避難に関する情報提供が分かりやすくなるよう近時変更されていることがあります。

例えば，特別警報の創設は，記憶に新しいことと思います。

2013年に設けられたもので，気象庁は，「「特別警報」が発表されたら，ただちに地元市町村の避難情報に従うなど，適切な行動をとってください。」と呼びかけています。

気象等に関する特別警報の発表基準

現象の種類	基準	
大雨	台風や集中豪雨により数十年に一度の降雨量となる大雨が予想され、若しくは、数十年に一度の強度の台風や同程度の温帯低気圧により大雨になると予想される場合	
暴風	数十年に一度の強度の台風や同程度の温帯低気圧により	暴風が吹くと予想される場合
高潮		高潮になると予想される場合
波浪		高波になると予想される場合
暴風雪	数十年に一度の強度の台風と同程度の温帯低気圧により雪を伴う暴風が吹くと予想される場合	
大雪	数十年に一度の降雪量となる大雪が予想される場合	

（http://www.jma.go.jp/jma/kishou/know/tokubetsu-keiho/kizyun.html, 2019年10月13日最終閲覧）

大雨特別警報については，2019年台風19号によるものも含めて，2019年10月13日現在で，導入以来延べ1250の地域

（都道府県単位，地域単位，市町村単位を合わせたもの。）に発令されています(65)。

導入から6年程度で，延べの数とはいえ，これだけの地域で大雨特別警報が発令されていることは，多いと考えて良いでしょう。

しかし，だからといって，基準を上げる（厳格にする）べきではありません。

これは，わが国において，大きな影響を与えるような気象災害の発生頻度が高まっているということだと思いますので，そ

警戒レベルを用いた避難勧告等の発令について

警戒レベル	住民が取るべき行動	住民に行動を促す情報	住民が自ら行動をとる際の判断に参考となる情報（警戒レベル相当情報）		
			洪水に関する情報		土砂災害に関する情報
		避難情報等	水位情報がある場合	水位情報がない場合	
警戒レベル5	既に災害が発生している状況であり、命を守るための最善の行動をとる。	災害発生情報※1 ※1可能な範囲で発令	氾濫発生情報	（大雨特別警報（浸水害））※3	（大雨特別警報（土砂災害））※3
警戒レベル4	・指定緊急避難場所等への立退き避難を基本とする避難行動をとる。 ・災害が発生するおそれが極めて高い状況等となっており、緊急に避難する。	・避難勧告 ・避難指示（緊急）※2 ※2緊急的又は重ねて避難を促す場合に発令	氾濫危険情報	・洪水警報の危険度分布（非常に危険）	・土砂災害警戒情報 ・土砂災害に関するメッシュ情報（非常に危険） ・土砂災害に関するメッシュ情報（極めて危険）※4
警戒レベル3	高齢者等は立退き避難する。その他の者は立退き避難の準備 をし、自発的に避難する。	避難準備・高齢者等避難開始	氾濫警戒情報	・洪水警報 ・洪水警報の危険度分布（警戒）	・大雨警報（土砂災害） ・土砂災害に関するメッシュ情報（警戒）
警戒レベル2	避難に備え自らの避難行動を確認する。	洪水注意報 大雨注意報	氾濫注意情報	・洪水警報の危険度分布（注意）	・土砂災害に関するメッシュ情報（注意）
警戒レベル1	災害への心構えを高める。	早期注意情報			

※3　大雨特別警報は、洪水や土砂災害の発生情報ではないものの、災害が既に発生している蓋然性が極めて高い情報として、警戒レベル5相当情報[洪水]や警戒レベル5相当情報[土砂災害]として運用する。ただし、市町村長は警戒レベル5の災害発生情報の発令基準としては用いない。
※4 「極めて危険」については、現行では避難指示（緊急）の発令を判断するための情報であるが、今後、技術的な改善を進めた段階で、警戒レベルへの位置付けを改めて検討する。
注1）市町村が発令する避難勧告等は、市町村が総合的に判断して発令するものであることから、警戒レベル相当情報が出されたとしても発令されないことがある。
注2）本ガイドラインでは、土砂災害警戒判定メッシュ情報（大雨警報（土砂災害）の危険度分布）、都道府県が提供する土砂災害危険度情報をまとめて「土砂災害に関するメッシュ情報」と呼ぶ。

（http://www.bousai.go.jp/oukyu/hinankankoku/h30_hinankankoku_guideline/index.html，2019年10月13日最終閲覧）

(65)　http://agora.ex.nii.ac.jp/cgi-bin/cps/warning_list.pl?kcode=33#stat，2019年10月13日最終閲覧。

うした中で，ハード面・ソフト面も含めて，どのような防災を考えるかという局面に至っているということでしょう。

そして，「避難勧告等に関するガイドライン」が2019年3月に改定され，住民は「自らの命は自らが守る」意識を持ち，自らの判断で避難行動をとることが改めて示されるとともに，地方公共団体や気象庁等からの情報提供について，住民がとるべき行動を直感的に理解しやすくなるよう，5段階の警戒レベルを明記した情報提供されることとなりました。

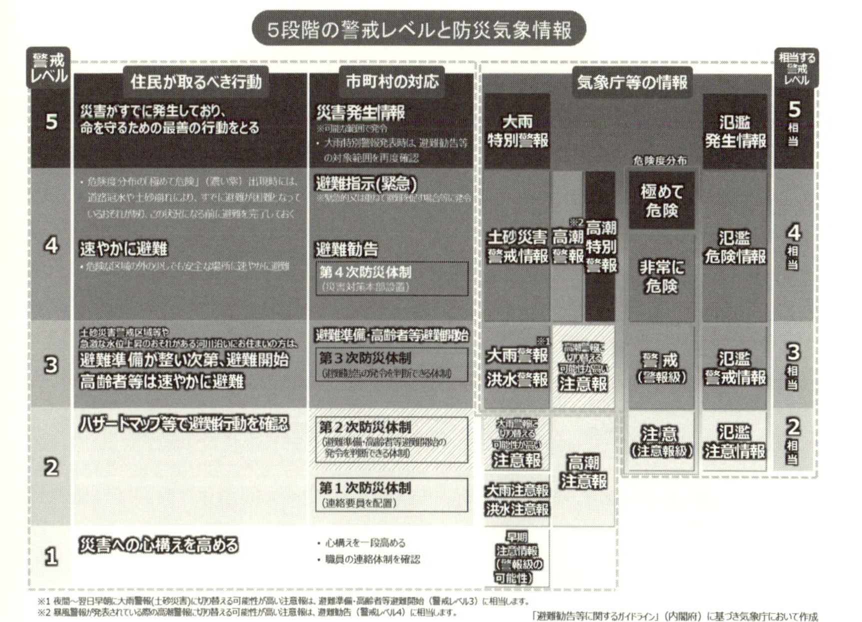

（https://www.jma.go.jp/jma/kishou/know/bosai/alertlevel.html，2019年10月13日最終閲覧）

ニュースなどでも，警戒レベルの発表を見る機会があると思いますが，みなさんにとって分かりやすいものとなっているでしょうか。

警戒レベルの意味する内容が周知されると，避難が必要かどうかを認識し，行動に移すことができるようになるかもしれませんが，警戒レベルに応じた情報や住民の行動について，十分に周知されていないのではないかという危惧があります。

避難勧告等については，2017年の避難勧告ガイドラインの改訂とともに，その名称の変更がなされました。

名称変更や警戒レベルなど，分かりやすく改めるのは良いことかもしれませんが，頻繁に制度や呼称が変わることによって混乱を生じることにもつながります。

避難が必要な場合に，そのことを認識できるような情報提供が行政には求められています。

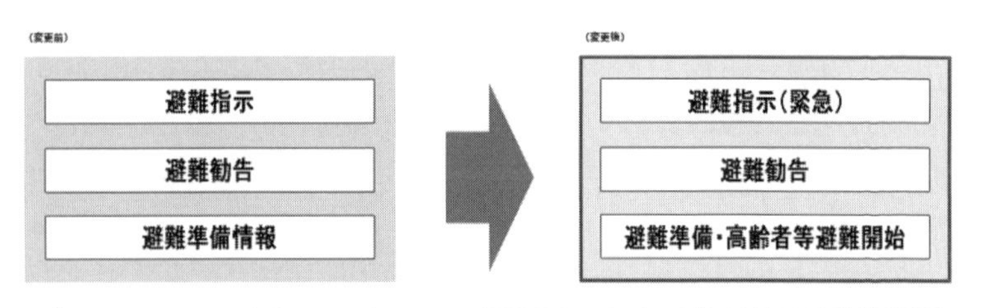

（http://www.pref.okayama.jp/page/499071.html，2019年10月13日最終閲覧）

このように，避難に関する情報が様々あるわけですが，こうした情報に接した際，私たちはどのように避難をすれば良いでしょうか。

① 避難場所までの道が冠水するなどしていない，これから雨が激しくなるといった早期の段階であれば，避難場所に向けて屋外避難をすることも可能です。

しかし，ハザードマップや避難場所について前に述べてきたように，指定されている避難場所が，必ずしも「安全」とは限りません。ハザードマップ等で事前に自分なりに避難する先（場所），避難経路の安全性を確認してく必要があります。

水害に際しては，自宅と避難先が浸水していない状況であっても，避難先までの避難経路が浸水している可能性もあります。

50センチ未満の浸水でも，人によっては動くことが困難になり，自動車のエンジンもストップすることがあります。河川や側溝への転落の危険もありますので，避難経路の安全性が十分でない場合には，避難場所への移動も考え直した方が良いかもしれません。

そうした場合に備えて，指定の避難場所以外の安全な場所を自宅や勤務先の付近で探し，そうした施設・場所の住民，管理者等に協力を求めておくことも考えておくと良いでしょう。

② 避難場所までの道が冠水するなどしている場合には，今いる場所からの移動を控える方が良いこともあります。

こうした場合には，無理に屋外避難をするのではなく，自宅の中で安全な場所に避難する，屋内待避をすることが望ましいともいえるでしょう。

浸水被害だけであれば，2階以上に避難することで，生命を守ることができるかもしれませんが，水害時には土砂災害も同時に発生することがあります。自宅などへ土砂が押し寄せてくることもありますし，避難途中に土砂災害に巻き込まれる可能性もあります。

事前に「ベストな避難方法」を決めることは困難ですが，早期に避難行動をすることによって，被災の可能性を下げることができると考えられます。

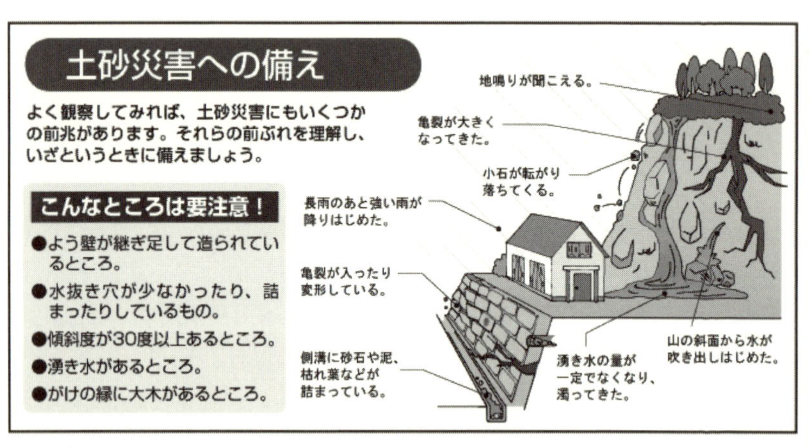

（http://www.town.ide.kyoto.jp/i/bousai/hazado/mosimo/1396001834333.html, 2019年10月13日最終閲覧）

3　どのように生活再建する？

実際に被災をしてしまった場合には，どのようにして生活再建をしていけばよいでしょうか。

前にも述べたように，災害救助法に基づき，応急救助が行われることになれば，そこでの支援を受けることができます。

浸水などで住宅に被害が発生した場合には，避難所生活を余儀なくされるかもしれません。床下・床上浸水の被害に遭った場合でも，自宅の２階などで生活を続け，浸水の片付けをするという人も多くいると思います。

それでも，住宅の損壊の激しい人や，水害によって自宅が流される等した人は，住宅の再建を考えなければなりません。

被災者生活再建支援法によって，一定程度以上の災害が発生した場合には，住宅等の再建費用に充てる給付を受けることができます。

この制度を利用するためには，被災者は市町村の窓口に申請をしなければなりませんが，この際に必要なものとして「罹災（りさい）証明書」というものがあります。

これは，災害による被害の程度を証明する書類で，市町村が発行しますが，次のページにあるように，原則として現地調査が行われることから，罹災証明書の発行には時間を要する場合があります。

2019年の台風15号のように，被害が大きく，広範囲に及ぶ場合などには，特に生活再建までの期間を要することになります。罹災証明書に関する手続きについては，自らも被災した地方公共団体が窓口となっていることからも，大災害に備えた制度設計を考えていく必要があるでしょう。

支援金支給に関する手続

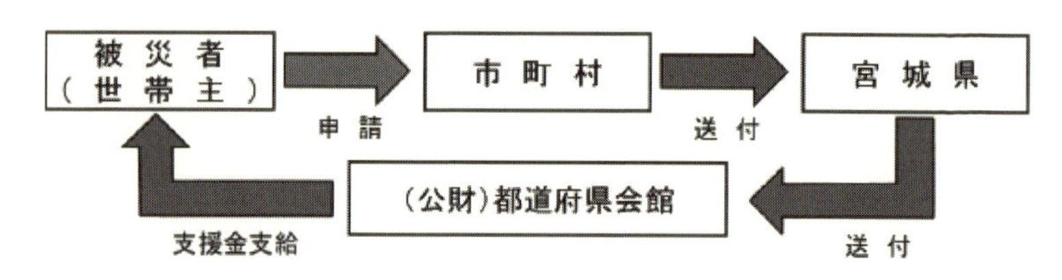

（https://www.pref.miyagi.jp/soshiki/syoubou/sienkin-top.html，2019年10月13日最終閲覧）

図表2-7-2　被害認定調査及び罹災証明書の交付の流れ

市町村長は、当該市町村の地域に係る災害が発生した場合において、当該災害の被災者から申請があったときは、遅滞なく、住家の被害その他当該市町村長が定める種類の被害の状況を調査し、罹災証明書（災害による被害の程度を証明する書面）を交付しなければならない（災害対策基本法第90条の2）。罹災証明書は、各種被災者支援策の適用の判断材料として幅広く活用されている。

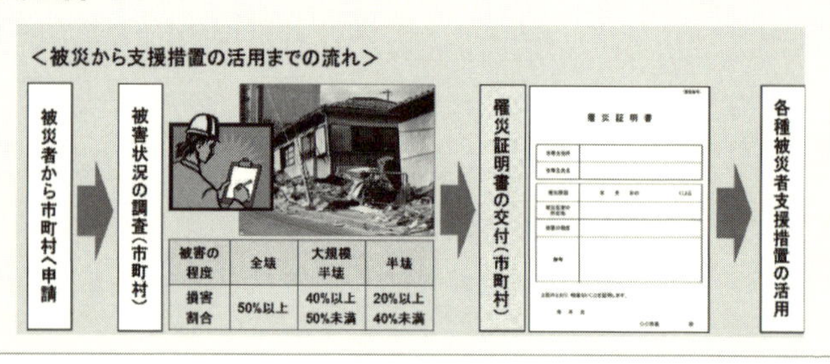

出典：内閣府資料

（平成30年度版防災白書より http://www.bousai.go.jp/kaigirep/hakusho/h30/zuhyo/zuhyo1-02_07_02.html，2019年10月13日最終閲覧）

V おわりに

この本では，水害に対する防災を中心に，法学の観点から法制度や判例等を紹介してきました。

しかしわが国では，水害だけが災害にあたるわけではありません。地震や火山の噴火，津波，竜巻といった災害も発生します。この本では，詳細は触れていませんが，台風によっても水害が発生します。風の強い台風であれば，これによって木や電柱が倒れたり，屋根が飛ばされるということもあるかもしれません。一方で，前線を刺激し，大雨をもたらす台風では洪水等が発生し，浸水被害に見舞われるかもしれません。

気候変動の影響もあるのか，気象災害はこれまでの常識では対応できないこともあることでしょう。

そのような時代の中で，読者のみなさんには，防災に関する知識や考えを少しでもつけて，「自らの生命は自らが守る」ことを念頭に置いていただきたいと思っています。

内閣府の実施した「防災に関する意識調査」では，重点をおくべき防災対策に関して，国などによる支援を前提とする「公助」の割合が減る中，「自らが守る」といった自助の割合が増えています。国民の中にも，「自分で何とかしなければ」という意識が増えてきているのかもしれません。

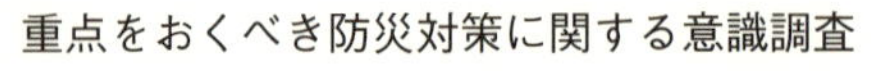

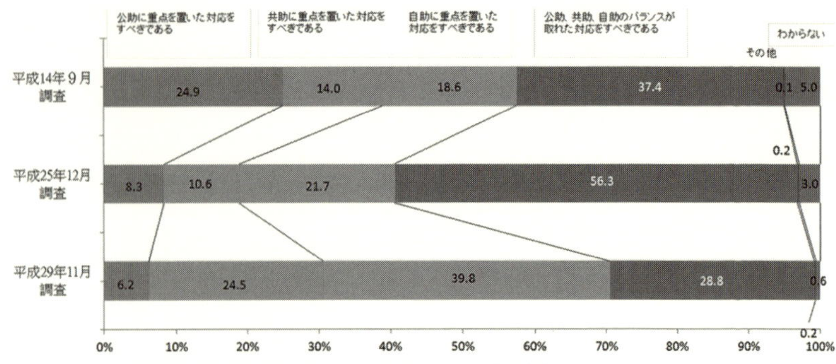

出典：内閣府政府広報室「防災に関する世論調査」より内閣府作成

（令和元年度版防災白書より http://www.bousai.go.jp/kaigirep/hakusho/h31/honbun/3b_6s_57_00.html，2019年10月13日最終閲覧）

後の表にあるように，地震保険の契約件数・加入率も増えてきています。どのようにして災害に「そなえる」か，その方法については，人によって考え方が異なると思います。

もしかしたら，幸運なことに，自然災害に見舞われずに生きることのできる人がいるかもしれません。そのような人は，交通事故等に遭わないように気を配る，そんな生活を送るのも一つの考えでしょう。

内閣府の試算によると，「持家世帯の保険・共済の加入件数・割合（建物のみ）」は，火災補償を付している割合が82%，水災補償を付している割合が66%，地震補償を付している割合が49%となっています(66)。

(66) 「保険・共済による災害への備えの促進に関する検討会報告（平成29年3月）」15頁（http://www.bousai.go.jp/kaigirep/hisaisha_kyosai/pdf/sankou_1.pdf，最終閲覧2019年10月13日）。

この本の中で紹介してきたように，住宅が全壊した場合であっても，国等がすべてを支援するわけではありませんので，保険などを通じて災害に「そなえる」ことも大切でしょう。

昔とは違い，災害に関して私たちは様々な情報を得ることができるようになりました。気象庁の発表する情報も科学の進展に伴い，精度・確度も高まっているでしょうし，インターネットを通じてほぼリアルタイムでの，降雨・降雨予測，河川水位，地震情報などの災害に関する情報を得ることができるようになっています。

こうした情報は適切に利用することによって，災害に「そなえる」ことが可能となりますが，そうした半面，様々な情報があふれることによって，避難行動に混乱が生じることもあるでしょう。

情報があふれているからこそ，生命を守るためには，自分にとって必要な情報を適切に活用することが必要になります。
「防災」のために，災害に「そなえる」，災害を「防ぐ」ためには，多くの知識や経験が必要になるともいえます。そうした知識などを生かし，「そなえる」ことができるようにしてください。

しかし，想定外の事象が発生することもあります。
何が起こるか分からないからこそ，「防災」ということばを，頭の片隅に留めて，機会があれば，自分にとっての防災を考えてみてください。

地震保険契約件数の推移

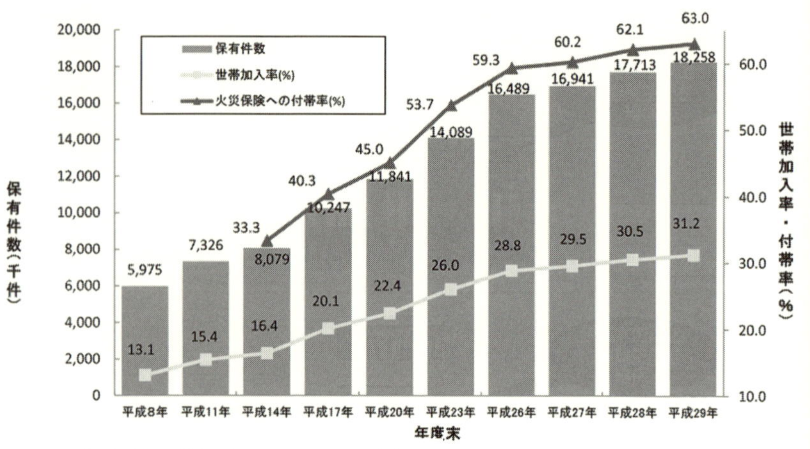

出典：損害保険料率算出機構資料より内閣府作成

（令和元年度版防災白書より http://www.bousai.go.jp/kaigirep/hakusho/h31/honbun/3b_6s_56_00.html，2019 年 10 月 13 日最終閲覧）

【資料】水害時における避難・応急対策の今後の在り方について（報告）【概要版】

○平成27年9月関東・東北豪雨災害で被災した地域における課題

- ■自助・共助の備えが十分ではなかった
- ■避難勧告等の発令タイミングや区域、要配慮者利用施設の避難確保計画を事前に定めていなかった
- ■避難行動を促すために細やかに状況を伝達する等、情報提供に工夫の余地がある
- ■発災時の混乱の未然防止や、生活再建のための手続き早期化のための準備・体制が十分でなかった
- ■避難所をはじめ被災後の生活環境が確保されていなかった
- ■ボランティアと行政とが連携する仕組みはさらに発展させる余地がある

○対策の方向性

- ◆東日本大震災の教訓を踏まえ、防災関連の制度は充実が図られてきた
- ◆既存制度を十分に活用するため、以下の7つの対策に取り組み、実効性確保のための訓練を定期的に実施
- ◆次の2点については、今後、具体的な方策を検討
  - ・人口稠密地域における大規模かつ広域的な避難の在り方
  - ・被災市町村への災害対応支援の仕組み

1．水害に強い地域づくり

○地域住民による自主的な防災活動の取組推進

- ●水害のおそれのある地域に居住することの危険性を認識できるよう、水害リスクを分かりやすく開示
- ●行政と住民との平時からのコミュニケーションにより、避難をはじめとする水害への備えや公助の限界を認識し、地域の避難タイムラインを地域でつくるといった、自助・共助の取組を推進
- ●地域の住民、企業、災害ボランティア経験者等（自主防災組織、水防協力団体を含む）による水害対応体制の構築
  参考事例の収集・紹介 （水位・雨量の確認、避難呼びかけ、要支援者の避難支援、安否確認、避難所の開設・運営、被災者と市町村との連絡調整、避難訓練の実施、水・食料の備蓄、地区防災計画の策定、災害避難カード作成等）
- ●自助・共助による備えの参考となる住民向けの冊子の作成、防災教育の推進、地域防災リーダーの育成

○早期の生活再建のための水害保険・共済の普及促進

- ●保険・共済による補償対象・補償額について、一層わかりやすく情報提供
  「保険・共済の情報提供ガイドライン（仮称）」の策定
- ●国による普及促進活動（パンフレットの作成）

○地域全体での事前の地域づくりと被災後の生活再建 住民と事業者等が一体となった早期の生活再建

2．実効性のある避難計画の策定

○ハザードマップ（避難地図）と避難計画の改善

- ●ハザードマップ（避難地図）を、早期の立退き避難が必要な区域（河川近傍、2階まで浸水等）を明示したものに改善
- ●複数河川からの氾濫や内水氾濫も想定したシナリオ型で、避難勧告等の発令タイミング・区域を設定
- ●必要に応じて近隣の自治体に指定緊急避難場所を確保し、自治体内の避難にとらわれない広域的な避難を検討
- ●ハザードマップ（避難地図）への表示方法、避難勧告等のタイミングや発令区域、避難場所や避難経路等について、河川管理者が積極的に助言するため、市町村と河川管理者等からなる協議会などの仕組みを構築

○病院等の要配慮者利用施設における避難確保計画・BCPの策定推進

- ●要配慮者利用施設の避難確保計画・BCPの策定を推進し、その際には河川管理者及び都道府県・市町村が助言
- ●施設従業員は自らの身の安全も確保

○指定緊急避難場所の指定・避難行動要支援者名簿の作成促進

- ●指定緊急避難場所の指定、避難行動要支援者名簿の作成の迅速化

3．適切な避難行動を促す情報伝達

○避難勧告等の躊躇なき発令

- ●避難場所を開設できていない場合であっても、状況が切迫した場合は、避難勧告等を発令
- ●既に氾濫が始まっている場合は、避難指示等を発令した上で屋内安全確保も選択肢としてあり得ることを伝達
- ●避難勧告等の発令に必要な河川水位、気象情報等については、国・都道府県が効率的な伝達方法を検討

○避難勧告等の確実な伝達

- ●地域特性や発信作業の負担も考慮しつつ、多様な伝達手段を適切に組み合わせ
  （Lアラート等、新たな伝達手段についても積極的に活用）
- ●外国人向けの対策 参考事例の紹介（ピクトグラム、外国語案内、防災アプリ、外国語ボランティア等）

○細やかな情報提供と「顔の見える関係」の構築

- ●台風など事前予測が可能な場合においては、災害対応の状況、今後の避難勧告発令の見通し、考えられる避難行動等について、大雨が予測されてから災害のおそれがなくなるまで、わかりやすく細やかに状況を伝達
- ●氾濫に直結する情報を住民が直接入手できるよう、河川管理者から水位情報、河川ライブ映像等を一般に配信
- ●非常時の意思疎通に齟齬をきたさないよう、平時から関係機関で「顔の見える関係」を構築 参考事例の収集・紹介

出典：内閣府資料（平成28年3月 中央防災会議 防災対策実行会議「水害時の避難・応急対策検討WG」）

4．行政の防災力向上

○市町村長・職員の研修・訓練等による防災体制の強化

●市町村長・防災担当職員の研修にあたっては、防災スペシャリスト養成研修等の各研修の内容の充実
●就任して間もない市町村長に研修受講を積極的に働きかけ
●消防団・水防団に関する研修・訓練の充実・強化のための参考事例を収集・紹介

○浸水に対する行政の備え

●洪水を安全に流すハード対策に加え、氾濫被害を軽減するハード対策の推進
●水害にも対応した業務継続計画の策定促進 「大規模災害発生時における地方公共団体の業務継続の手引き」の周知啓発

5．被災市町村の災害対応支援

○水害対応の手引きの作成・周知

●被災経験のない市町村であっても迅速かつ的確な災害対応を実施できるよう、水害時に市町村がとるべき災害対応のポイント等を示すとともに、参考事例等を紹介する「市町村のための水害対応の手引き」の作成、通知・ガイドラインの紹介
・専用の災害対策本部室の設置、庁内各部局の適切な役割分担・参集ルール（情報班の設置、マスコミ対応専任者の選任等）
・職員等の応援・受援の仕組み（受援計画の策定促進、他自治体との災害時相互応援協定を推奨）、ボランティア活用
・早期の生活再建に資する制度の概要等（災害救助法等による国庫負担の実例、激甚災害制度、被災者生活再建支援金の支給）
・災害廃棄物の仮置場・分別場所の事前設定（他自治体との協定も推奨）

○被災市町村の災害対応を支援する体制の確保

●災害対策本部の運営等の応急対策・生活再建について、助言を得るとともに被災市町村職員の負担を軽減するため、一定規模以上の災害時における応援の取組をより一層推進（以下に例示） （応援側・受援側の双方のノウハウを共有） 参考事例を紹介
・受援計画の事前策定、市町村間の災害時相互応援協定による応援派遣要請、受援調整班による受入調整
・大規模災害時には、都道府県が積極的に派遣要請・受入調整を支援（先遣隊を被災市町村に派遣し、意思疎通を円滑化）
・災害対策本部運営への助言等のため、経験があり対応力のある市町村職員等の応援派遣の仕組み
●大規模災害時には、国が現地組織（政府現地連絡調整室、政府現地災害対策室）を設置し支援
●生活再建に必要な手続き（災害救助法適用、激甚災害指定、生活再建支援金支給）への早期着手・処理の迅速化のため、国の職員の派遣などを実施 （激甚災害指定の早期公表に向けて処理を迅速化）
●分野毎の組織的支援も引き続き推進（各省からのリエゾン、救命救助分野（警察災害派遣隊、緊急消防援助隊、自衛隊）、医療分野（DMAT、DPAT、JMAT等）、インフラ・ライフライン応急復旧分野（TEC-FORCE、水道、電力等）、廃棄物分野（D.Waste-Net等））

6．被災生活の環境整備

○避難所を拠点とした被災者支援の推進

●避難所運営マニュアルの事前策定の推進 「避難所運営ガイドライン（案）」の策定
●避難所で必要な物資・サービス等を提供するため、地域の被災者情報を集約
●地域住民・外部支援者による避難所運営を促進するとともに、避難所運営の専門知識を有する者を育成
●断水・停電を前提とした避難所トイレの改善 「避難所におけるトイレの確保・管理ガイドライン（案）」の策定
●福祉避難所、福祉スペース等の確保や、継続的な要配慮者の状況把握 「福祉避難所の確保・運営ガイドライン（案）」の策定

○災害時の医療サービスの確保

●DMAT、DPAT、JMAT、日赤等の活動を総合的に調整するとともに、多くの専門職種による避難所等の医療サービスを適切に割振りできるよう、都道府県は災害医療コーディネーターを活用
●医療サービスに漏れがないよう、医療従事者、災害対策本部、現地との間の情報共有を確保
●医療サービス支援者が交代しても切れ目なく医療サービスを提供できるよう、患者の診療情報に関する災害診療記録（J-SPEED）や、避難所の医療ニーズや衛生環境等を判断する避難所アセスメントシートの活用を促進
●JMAT等の撤退後は、医療サービスが提供されている施設等の情報を周知するとともに、避難所への定期的な往診を検討
●発災直後から不眠不休で災害対応にあたっている職員等の健康管理・心のケアにも対応

○災害時の防犯対策の徹底　災害時の防犯対策の徹底を図るとともに、住民の防犯意識を醸成

○災害廃棄物の迅速な処理　発生量推計、処理方法、仮置場の候補地選定等をまとめた災害廃棄物処理計画の策定を推進

7．ボランティアとの連携・協働

○ボランティアとの積極的な連携

●ボランティアセンター、ボランティア団体等と行政や災害対策本部との連携のための「災害支援情報共有会議」により、多様化する被災者のニーズに対し、より一層ボランティアと連携（特に専門性を有したボランティアの活用） 参考事例を収集・紹介
●被災者にとって有益な情報をボランティアを介して伝達

○円滑な受入と継続的な支援

●受入初期の混乱を想定し、社協、ボランティア団体等と平時からの連携、情報共有 参考事例を収集・紹介
●インターネット等による支援の呼びかけ

（平成28年度版防災白書より http://www.bousai.go.jp/kaigirep/hakusho/h28/honbun/3b_6s_35_00.html，2019年10月13日最終閲覧）

〈著者紹介〉

村中 洋介（むらなか　ようすけ）

1987 年生まれ。2014 年，博士(法学)。同年首都大学東京法科大学院助教。電力中央研究所主任研究員を経て，2019 年より静岡文化芸術大学専任講師。

地方自治の研究を中心に行っている。近年の著作として，『たばこは悪者か？──ど～する？受動喫煙対策』（単著，信山社，2019 年），『新・基本行政法』（共著，有信堂，2016 年），『ロードマップ法学』（共著，一学舎，2016 年），『判例で学ぶ日本国憲法〔第 2 版〕』（共著，有信堂，2016 年）など。

災害・防災についての著作として，「大川小学校津波訴訟控訴審判決」自治研究 95 巻 7 号（2019 年），「災害時の学校・避難場所としての責務：野蒜小学校津波訴訟」自治体学 32 巻 1 号（2018 年），「災害と国家賠償──津波警報の適法性と地方公共団体による避難誘導（行政の責務）」行政法研究 16 号（2017 年），「災害対策基本法に基づく地方公共団体の『避難行動要支援者名簿』の作成と個人情報保護」都市問題 107 巻 4 号（2016 年），「地方公共団体の発する避難勧告の適法性」自治体学 28 巻 2 号 29-33 頁（2015 年），「災害と自治体の条例制定」法政論叢 49 巻 1 号（2012 年）。

信山社ブックレット

〈災害と法〉

ど～する防災【水害編】

2019(令和元)年11月25日　第 1 版第 1 刷発行

発行者　今井 貴・稲葉文子
発行所　株式会社 信　山　社
〒113-0033　東京都文京区本郷 6-2-9-102
Tel 03-3818-1019　Fax 03-3818-0344
笠間才木支店　〒309-1611 茨城県笠間市笠間 515-3
Tel 0296-71-9081　Fax 0296-71-9082
笠間来栖支店　〒309-1625 茨城県笠間市来栖 2345-1
Tel 0296-71-0215　Fax 0296-72-5410
出版契約 No.2019-6086-01011

Printed in Japan, 2019 印刷・製本 ワイズ書籍(M)／渋谷文泉閣
ISBN978-4-7972-6086-1 C3332 ¥1000E 分類 323.900
p.104 6086-01011：012-015-005